Renate Zimmer / Fredrik Vahle

Ping Pong Pinguin

Renate Zimmer / Fredrik Vahle

Ping Pong Pinguin

Lieder zur Sprach- und Bewegungsförderung

für Kinder von 3 bis 6 Jahren

Mit Musik-CD

2. korrigierte Auflage 2016

© Verlag Herder GmbH, Freiburg im Breisgau 2012
Alle Rechte vorbehalten
www.herder.de

Umschlaggestaltung: SchwarzwaldMädel, Simonswald
Illustration innen und außen: Dunja Schnabel, Hamburg
Fotos: Nadine Vieker

Satz und Gestaltung: Arnold & Domnick, Leipzig
Herstellung: Graspo CZ, Zlín
Printed in the Czech Republic

ISBN 978-3-451-32566-3

INHALT

Vorwort 8

Einführung 9
Der Körper – von Geburt an ein Mittel der Kommunikation 9
Musik, Sprache und Bewegung – Wege zur Erschließung der Welt 10
Zwischen Fantasie und Realität 11
Zur Auswahl der Inhalte und Themen 12
Zur Methode der Vermittlung 13

1. Kommunikation und Interaktion 15
Bedeutung für die kindliche Entwicklung 17
Begrüßungs- und Kennenlernspiele 18
Spiellied 21
„Grußlied aus Nupitanien" 22

2. Führen und geführt werden 25
Bedeutung für die kindliche Entwicklung 27
Spielidee: In der Pferdeschule 29
Spiellied 31
„Mein Zockelpferdchen" 31

3. Zwischen Angst und Faszination 35
Bedeutung für die kindliche Entwicklung 37
Spielideen zur konstruktiven Bewältigung von Ängsten 38
Spiellied 40
„Im Walde von Schloss Spukenstein" 41

4. Das Spiel mit dem Gleichgewicht 45
Bedeutung für die kindliche Entwicklung 47
Spielanlässe für sensorische Erlebnisse 48
Spiellied 49
„Karussell" 49
Spiellied 50
„Schaukelschiff" 51
Konzentrations- und Ruhespiele 53

5. Symbol- und Rollenspiele I 55
Bedeutung für die kindliche Entwicklung 57
Die Geschichte von der Arche Noah 58
Spielszene: Die Sprache der Tiere 60
Spiellied 62
„Wer in die Arche Noah will" 63

6. Symbol- und Rollenspiele II 67
Bedeutung für die kindliche Entwicklung 69
Wissenswertes über Pinguine... 69
Spielideen für „kleine Pinguine" 71
Spiellied 73
„Ping Pong Pinguin" 73

7. Körperkoordination und Geschicklichkeit 79
Bedeutung für die kindliche Entwicklung 81
Spielideen für Clowns und Artisten 82
Spiellied 84
„Zirkuslied" 85

8. Konzentration und Körperwahrnehmung 89
Bedeutung für die kindliche Entwicklung 91
Auf dem Indianerpfad die Sinne wecken 92
Spiellied 95
„Indianerlied" 96

9. Rezepte gegen die Langeweile 99
Bedeutung für die kindliche Entwicklung 101
Spiellied 103
„Das Montagsmonster" 104
Spielideen für „kleine Montagsmonster" 106

10. Vom Starksein 107
Bedeutung für die kindliche Entwicklung 109
Spielideen für „starke" Kinder 110
Spiellied 111
„Stark sein" 112

11. Vom Umgang mit Gefühlen 115
Bedeutung für die kindliche Entwicklung 117
Spielideen zum Umgang mit Gefühlen 118
Spiellied 120
„Wo ist die Wut, wenn ich wütend bin?" 121

Literaturtipps 124

Zur beiliegenden CD 125

Vorwort

Wo ist die Wut wenn ich wütend bin? Im Bauch, in den Fäusten, in den stampfenden Füßen? Ein Lied über die Wut – gesungen, gespielt, inszeniert – das ist auch ein Weg, Gefühle bewusster wahrzunehmen, mit ihnen umzugehen, sie zu verarbeiten, sie zu bewältigen.

Wie das „Wutlied" erzählen die Spiel- und Bewegungslieder des Buches viel von fantasieanregenden Situationen und Gestalten: Von Montagsmonstern und Indianerhäuptlingen, von schaurigen Gespenstern und trotzigen Pferden. Die Lieder und Geschichten handeln vom „Stark sein", aber auch vom „Angst haben", immer zeigen sie Möglichkeiten auf, wie man diese Gefühle annehmen und mit ihnen umgehen kann. Auch die Sprachbildung der Kinder wird angesprochen: Pinguine watscheln, torkeln, schleichen, hüpfen – und nehmen die Kinder mit in die Welt der Begriffe, die diese Fortbewegungsmöglichkeiten in Worte fassen.

Die Spiellieder verbinden Bewegung, Sprache und Musik miteinander, sie geben den Kindern Raum für eigene Fantasie und Möglichkeiten, sich über die Körper, die Stimme, die Bewegung auszudrücken.

Ping Pong Pinguin zeigt auf, wie viel Musik in der Sprache steckt und wie viel Sprache in der Bewegung. In den Spielthemen und den darauf abgestimmten Liedern wird deutlich: Bewegung ist Sprache und Musik ist Bewegung.

In Rollenspielen, im szenischen Spiel setzt das Kind die Stimme wie den Körper gleichermaßen ein, es nutzt Mimik, Gestik, den Tonfall der Stimme, um sich auszudrücken und mit anderen zu kommunizieren. Die Sprache des Körpers wird zum Mittel der szenischen Darstellung.

Hierzu gibt das Buch viele Anregungen. Es inspiriert mit der Vielfalt seiner Spiellieder und Bewegungsspielideen das Erproben der vielfältigen Ausdrucksmöglichkeiten der Kinder.

Alle in dem Buch vorgestellten Spiellieder finden Sie auf der beigefügten CD mit gleichnamigem Titel.

Renate Zimmer

Einführung

Der Mensch hat viele Möglichkeiten, sich auszudrücken und sich mitzuteilen. Die Sprache ist eine davon, die Bewegung, der Körper eine andere. Kinder nehmen ihre Umwelt über Bewegung und Wahrnehmung in Besitz. Durch das Betasten, Begreifen und das Umgehen mit den Dingen lernen sie deren Beschaffenheit und Eigenschaften kennen. So werden durch das Handeln gewonnene Erfahrungen in Verbindung mit der Sprache zu Begriffen. Diese ermöglichen dem Kind die innere Abbildung der Welt. Sprache macht Erscheinungen der Umwelt verfügbar, die Dinge erhalten Namen, Begriffe bezeichnen Erscheinungen und Vorgänge in der Umwelt.

Sprache ist einerseits Mittel zum Ausdruck des individuellen Befindens, der jeweiligen Wünsche und Bedürfnisse, andererseits aber auch ein wichtiges Instrument zur Aneignung der Welt. Handlung und Tun bilden dabei die Basis für das Sprechen und Denken. Beides sind wichtige Kompetenzbereiche, deren Entwicklung abhängig von Anregungen aus der Umwelt und Möglichkeiten der Entfaltung ist. Sie sind die Grundlage der Kommunikationsfähigkeit.

Der Körper – von Geburt an ein Mittel der Kommunikation

Das erste Kommunikationsmittel des Menschen ist der Körper: Bereits Säuglinge „sprechen" mit ihrem Körper. Da ist z.B. das erste „Erkennungszappeln" des Säuglings gegenüber seiner Bezugsperson, das aufgeregte Fuchteln mit Armen und Beinen, der aufmerksame Blick und das Lächeln, wenn das Baby eine ihm angenehme Situation wahrnimmt, wenn z.B. die Mutter an seinem Bettchen erscheint.

Sprache umfasst also unterschiedliche Mittel der Kommunikation. Kinder benutzen ihren Körper als Ausdrucksmittel, meistens ist ihre Körpersprache auch unmittelbarer Ausdruck innerer Vorgänge. Vor allem jüngere Kinder können ihre Gefühle und Empfindungen, ihre Wünsche und Ängste noch nicht mit Worten ausdrücken. Sie äußern sich auf einer elementareren Ebene und bedienen

sich dabei – meist unbewusst – der Körpersprache: Vor Freude springen sie in die Luft, klatschen vor Begeisterung in die Hände, tanzen vor Vergnügen wild im Raum umher. Sind sie traurig, lassen sie den Kopf und die Schultern hängen. Bei Wut trommeln sie mit den Fäusten gegen die Wand, stampfen auf den Boden oder attackieren ihre Spielsachen.

Ihre emotionale Befindlichkeit kann jedoch auch durch Singen, Tanzen, Spielen und Bewegen beeinflusst werden. Der Begriff „Psychomotorik" weist auf die enge Verbindung körperlich-motorischer und geistig-seelischer Prozesse hin (vgl. Zimmer 2011).

Musik, Sprache und Bewegung – Wege zur Erschließung der Welt

Kinder gehen noch ganz selbstverständlich mit Musik, Sprache und Bewegung um. Bewegung ist für sie zugleich Ausdruck ihrer emotionalen Befindlichkeit und Mittel zur Erschließung der Welt. Die eigenen Bewegungen begleiten sie sprachlich oder mit Geräuschen. Musik setzen sie unmittelbar in Bewegung um.

Spiel und Bewegung gehören zu den elementaren Ausdrucksformen des Kindes. Das Sich-Bewegen ist eine eigenständige Art und Weise menschlicher Weltbegegnung und Welterfahrung. In und durch Bewegung gewinnt das Kind ein Bild über sich selbst, es erhält Rückmeldung über die eigenen Fähigkeiten, über seine Stärken und Schwächen. Aufgrund der weitreichenden Bedeutung, die Körper- und Bewegungserfahrungen für das Selbstwertgefühl des Kindes haben, ist es unabdingbar, ihm vielfältige Gelegenheiten zum Erproben und Erweitern der eigenen Fähigkeiten zu geben. In keinem anderen Gebiet kann es so wirkungsvolle Erfahrungen machen, wie z. B. die, dass die eigene Anstrengung Veränderungen zur Folge haben kann, dass es selbst der Verursacher von Wirkungen ist.

Zwischen Fantasie und Realität

Gespenster, die nach wildem Mitternachtstanz in tiefen Schlaf sinken, Montagsmonster, die träge und lustlos vor der Glotze hängen, unbeholfen watschelnde Pinguine und langsame Schnecken, die nicht vom Fleck kommen – die in diesem Buch beschriebenen Akteure haben ihre individuellen Besonderheiten, ihre Stärken und Schwächen. Nicht immer geht es harmonisch und konfliktlos zu, aber die Spielsituationen zeichnen sich dadurch aus, dass Gelegenheiten zur Lösung von Konflikten und zum Entdecken der eigenen Fähigkeiten gegeben werden.

So verfliegen Langeweile und Überdruss des Montagsmonsters beim HipHop-Tanz, die Pinguine lernen fliegen, tanzen und balancieren, die Schnecke erreicht beharrlich ihr Ziel. Von den Spielgestalten gehen Spaß und Lebensfreude aus, die schnell ansteckend wirken.

Es sind Spiele, bei denen die Kinder so tun als ob, sie schlüpfen in neue Rollen und erproben neue Verhaltensmuster. Es sind also vorwiegend Symbol- und Rollenspiele, die hier angeregt werden, sie ermöglichen eine individuelle Sinngebung und Deutung. Die Spiele geben den Kindern die Möglichkeit, eigene Erlebnisse, Erinnerungen und Vorstellungen einzubringen. Das Kind spielt Erlebtes nach und arbeitet es meist unbewusst auf. Gleichzeitig geben die Symbol- und Rollenspiele auch die Gelegenheit, Handlungsalternativen auszuprobieren. Die Kinder ahmen nicht nur die Rollen der Fantasiefiguren, der Tiere oder Gestalten nach, sie identifizieren sich auch mit der übernommenen Rolle. Sie sind tollpatschige Pinguine, Furcht erregende Gespenster oder mutige Drahtseilartisten.

Die Rollen und Spielsituationen werden mit körperlichen Mitteln zum Ausdruck gebracht und bieten auch die Gelegenheit zum Erproben von Verhaltensweisen, die sich das Kind in der Realität kaum zutrauen würde.

Zur Auswahl der Inhalte und Themen

Die für dieses Buch ausgewählten Bewegungslieder, Spielideen und Tanzvorschläge können als Impuls für das Spielen, Singen und Tanzen mit Kindern dienen. Sie greifen Themen auf, die aus der vertrauten Alltagswelt der Kinder stammen, die aber auch ihre Träume und Wünsche ansprechen und sie in neue Rollen schlüpfen lassen.

Da geht es z.B. um das Thema „Wut". Wütend war doch jeder schon einmal: Wo ist denn eigentlich die Wut, wenn man wütend ist? Die Wut spürt man innerlich, aber woran erkennt man sie äußerlich? Und was kann man tun, wenn einen die Wut so richtig überrennt? Gefühle – negative wie positive – werden angesprochen und körperlich motorisch zum Ausdruck gebracht. Auf diese Weise werden im Spiel Möglichkeiten der Bearbeitung gefunden. Unterstützung geben Spiel- und Bewegungsvorschläge, insbesondere aber Spiellieder, die gesungen, gehört, in Bewegung umgesetzt und mit komplexeren Spielszenen verbunden werden können.

Die Fantasie der Kinder wird angeregt: Einen Indianer haben sie zwar noch nie gesehen, sie verbinden mit der Rolle jedoch das Gefühl von Stärke und Mut. Ein Indianer muss seinen Körper beherrschen und sich geschickt bewegen können: lautlos schleichen, vorsichtig balancieren und behände klettern. Um Spuren von Tieren oder von Feinden zu finden, ist es wichtig, mit Hilfe seiner Sinne die Umwelt genau wahrzunehmen. So werden beim Indianerspiel motorische Fähigkeiten geschult, Sinneswahrnehmung geschärft und Vertrauen in die eigenen Fähigkeiten aufgebaut.

Die zu den einzelnen Themen beschriebenen Spielideen tragen dazu bei, die Wahrnehmung des eigenen Körpers zu unterstützen, die Mittel der Körpersprache zu entdecken, das soziale Miteinander zu fördern und die eigenen Fähigkeiten zu erweitern.

Die Auswahl der Themen und Inhalte erfolgte unter folgenden Kriterien. Sie sollten

- die psychomotorische Ausdrucksfähigkeit der Kinder fördern,
- die Bewegungsbedürfnisse der Kinder berücksichtigen,
- die Erlebnisebene der Kinder ansprechen,
- Alltagsgefühle und -erlebnisse aufgreifen,
- verbale und nonverbale Äußerungsformen gleichermaßen unterstützen,
- die Körperwahrnehmung und das Körperbewusstsein intensivieren,
- den Bewegungsrhythmus aktivieren,
- sensorische Wahrnehmungsprozesse fördern,
- Bewegungsqualitäten (schwer, leicht, rhythmisch) erleben lassen,
- Eigen- und Fremdwahrnehmung ermöglichen,
- den spontanen, spielerischen Umgang mit der eigenen Stimme herausfordern,
- Sprechanlässe bieten und die Freude an Lautspielen unterstützen.

Zur Methode der Vermittlung

Spiel und Bewegung vermitteln Kindern die Erfahrung sinnhaften Tuns. Auf die Gestaltung der Spiel- und Bewegungssituationen sollten sie daher Einfluss haben und sich aktiv an dem Arrangement beteiligen können.

Bei der Realisierung der Bewegungsspiele geht es somit weniger um das Einüben vorgegebener, festgelegter Schrittfolgen oder Bewegungsformen, sondern um die Entwicklung von Improvisationen. An die Stelle der Nachahmung tritt die eigene Interpretation, die eigene Definition und Ausgestaltung der Rolle.

Auch bei den Tanzbeschreibungen kommt es weniger auf die genaue Bewegungsausführung fester Raumwege an, als auf die jeweiligen Bewegungseinfälle der Kinder, auf die Art und Weise, wie sie die Themen in ihr eigenes Spiel integrieren und weiterentwickeln, wie sie sie also zu ihren Themen machen.

So können aus den vorgegebenen Spielvorschlägen neue, eigene Ideen entwickelt werden, Bekanntes kann verändert, Unbekanntes entdeckt werden. Die Spiellieder stellen meist kleine Geschichten dar. Sie regen die Fantasie der Kinder an, können Einstieg in Spielszenen sein, aber auch als krönender

Abschluss einer Spielsequenz zu einem bestimmten Thema verwendet werden. Manchmal kann sich sogar eine kleine szenische Aufführung daraus entwickeln. Das Zirkuslied (S. 85) eignet sich zum Beispiel für die Präsentation vor einem Publikum, den Eltern oder anderen Kindergruppen. Dies ist jedoch eher ein Nebeneffekt, der sich aus der Spielidee entwickeln kann.

Die Lieder enthalten meist bereits im Text Spiel- und Bewegungsimpulse; in der begleitenden Spielbeschreibung werden hierzu konkrete Bewegungsvorschläge formuliert. Diese reichen von Improvisationsideen, die viel Raum für individuelle Gestaltungsmöglichkeiten geben, bis hin zu Beispielen für die Gestaltung einer Tanzform, die allerdings nur bei einigen Spielideen möglich ist. Sachinformationen sind nur dort enthalten, wo sie den Zugang zu dem Thema unterstützen oder aber Kindern eine Spielfigur besonders nahe bringen sollen.

Die Kapitel zu den Themen „Zirkus" und „Indianer" stellen Beispiele für längerfristig angelegte Projekte dar. Hier reicht der Gestaltungsspielraum von der spontanen Spielidee der Kinder, die aus einem situativen Anlass entstehen kann, bis hin zu Präsentationen vor Eltern und weiterer Öffentlichkeit (z. B. Zirkusvorstellung).

Der Aufbau der einzelnen Kapitel erfolgt nach folgendem Schema:
- Zunächst wird das Thema hinsichtlich seiner Bedeutung für Kinder und im Hinblick auf seine Relevanz für die Förderung ihrer Entwicklung erläutert.
- Anschließend werden Spielideen als Einstieg in das Thema beschrieben.
- Im Mittelpunkt steht dann ein Spiellied, in dem die Thematik aufgegriffen und zum Gegenstand einer rhythmisch-musikalischen Spielsequenz gemacht wird.

1 Kommunikation und Interaktion

Wir machen einen Ausflug nach Nupitanien

Bedeutung für die kindliche Entwicklung

Mit anderen Menschen Kontakt aufnehmen, sich über Blicke, Gesten und Worte verständigen, sich absprechen und gemeinsame Regeln finden – all das bildet die Grundlage des sozialen Verhaltens. Kinder wachsen in die Welt der sozialen Gemeinschaft hinein und müssen sich die Regeln der Kommunikation erst aneignen. Sie tun dies über Nachahmung des Verhaltens anderer, aber auch durch Anregungen und Übungen, die sie im Alltag vorfinden.

In der Begegnung mit vertrauten oder mit unbekannten Menschen, in der Kontaktaufnahme mit anderen Kindern oder Erwachsenen, greifen sie auf Interaktionsformen zurück, die sie in der Familie oder später auch im Kindergarten gelernt haben. Mit zunehmendem Alter gibt es immer mehr Situationen, in denen eine ritualisierte Begrüßung Bedeutung gewinnt: Hände schütteln, sich umarmen, sich zuwinken oder -nicken zeigen unterschiedliche Formen von Vertrautheit, ermöglichen die Differenzierung von Nähe und Distanz.

Die folgenden Spielanregungen geben Beispiele für das Kennenlernen und Einüben ritualisierter Begrüßungsformen.

Anlässe

Ein neues Schuljahr, ein neues Kindergartenjahr beginnt. Die Kinder kennen sich meist untereinander nicht, neue Kinder kommen in die Gruppe oder Klasse. In jeder neuen Gruppe muss man sich gegenseitig zunächst mal beschnuppern, sich kennen lernen, sich die Namen der Gruppenmitglieder einprägen.

Für die Kinder ist die unbekannte soziale Umgebung zunächst verunsichernd. Meist schließen sie sich den Kindern an, die sie bereits aus der Nachbarschaft oder früheren Gruppen kennen. Sie trennen sich nicht gerne von alten Freunden, weil sie so wenigstens ein Stück Vertrautheit vorfinden. Wird das Sich-kennen-Lernen, die Begegnung mit anderen zum Thema gemacht, sehen sie, dass es anderen Kindern genauso geht wie ihnen. So werden neue Kontakte erleichtert, das Zugehen auf andere unterstützt. Die folgenden Spiele können daher auch für sie eine Hilfe sein.

Begrüßungs- und Kennenlernspiele

Wem gehört der Ballon?

Jeder Teilnehmer einer Gruppe hat einen Luftballon. Auf ihn schreibt er mit Filzstift (nicht-wasserlösliche Stifte verwenden) seinen Namen (oder nur den Anfangsbuchstaben), dazu malt er ein Merkmal, das für ihn typisch ist (eine Brille, einen großen Ohrring, gestreiften Pullover o. Ä.). Die Ballons werden in die Luft geworfen und von allen Gruppenmitgliedern immer wieder in der Luft gehalten. Nun schnappt sich jeder einen Ballon (nicht den eigenen) und soll anhand der Zeichnung den Besitzer finden. Abschließend setzen sich alle in einen Kreis auf den Boden (oder in einen Stuhlkreis). Die Ballons werden jetzt an die jeweiligen Besitzer zurückgegeben, indem der Finder seinen Partner kurz vorstellt, auch mit dem beschriebenen Merkmal.

„Und wie heißt du?"

Alle gehen im Raum umher, wenn sich zwei Teilnehmer treffen, bleiben sie voreinander stehen, sagen, wie sie heißen, trennen sich wieder und gehen weiter (für ältere Kinder oder für Erwachsene).

Namen-Lotsen

Zwei Teilnehmer bilden ein Paar. Einer der beiden schließt die Augen und nennt seinen Namen. Der andere entfernt sich und ruft ihn bei seinem Namen. Der Partner mit den geschlossenen Augen geht in seine Richtung und wird dabei durch Zuruf dirigiert. Der sehende Partner muss darauf achten, dass der Gerufene nirgendwo anstößt und auch nicht mit anderen zusammenstößt.
Natürlich hört man auch die anderen im Raum gerufenen Namen, nimmt sie wahr und ist darauf gespannt, anschließend die dazugehörenden Personen zu sehen.

Typisch!

Jeweils zwei Partner stehen sich gegenüber. Jeder stellt sich dem anderen mit seinem Namen und mit einer für ihn typischen Geste oder Gebärde vor (z. B. am Ohrläppchen spielen, die Hände in die Hosentaschen stecken).
Danach treffen sich alle im Kreis, jeder stellt seinen Partner mit dem Namen und mit der entsprechenden Gebärde vor.

BEGRÜSSUNGS- UND KENNENLERNSPIELE

Gemeinsamkeiten finden

Irgendetwas hat jeder mit jedem gemeinsam. Die Körpergröße, die Haarfarbe, ein Hobby, das Alter, die Brille oder die Farbe des T-Shirts. Die Erzieherin spielt eine Musikkassette, die sich zum Laufen oder Gehen eignet. Wird die Musik plötzlich unterbrochen, soll sich jeder einen Partner suchen, der

- die gleiche Haarfarbe hat,
- gleich groß ist,
- auch ein Junge oder ein Mädchen ist,
- ein Kleidungsstück in der gleichen Farbe anhat,
- auch eine Brille oder aber keine Brille hat,
- den gleichen Sport betreibt (bei älteren Kindern kann die Sportart auch pantomimisch dargestellt werden, so dass sich zwei Partner finden können),
- die gleiche Lieblingsspeise hat (auch diese lässt sich pantomimisch darstellen: Eis lecken, Spaghetti essen etc.).

Begrüßungsspiel

Zu einer rhythmischen Musik gehen alle kreuz und quer durch den Raum. Wird die Musik ausgestellt, begrüßen sich alle in einer vorher angekündigten Art:

- sich voreinander stumm verneigen,
- sich die Hand geben,
- sich die Füße „reichen" oder „Füße schütteln",
- mit den Ellenbogen aneinander tippen,
- sich gegenseitig am Ohrläppchen ziehen.

Das sind Begrüßungsformen aus verschiedenen fernen Ländern. Wer kennt noch ein Land, in dem eine andere Begrüßung üblich ist?

Wir machen einen Ausflug nach Nupitanien

In Nupitanien – das ist eine kleine Insel in einem unbekannten Meer – begrüßt man sich auf eine ganz besondere Art:

Man nickt sich zu, legt die Hände aneinander, stößt sanft die Fäuste zusammen, klopft sich mit der Hand auf die Schulter, tippt sich gegenseitig mit dem Finger auf die Nasenspitzen und stellt sich Rücken an Rücken.

Spiellied

Auf dem Marktplatz von Nupitanien wird das Begrüßungslied gespielt. Alle Teilnehmer gehen umeinander herum und probieren die verschiedenen Grußformen aus, die in dem Lied besungen werden.

„Grußlied aus Nupitanien"

Text und Musik: Fredrik Vahle

Im Lan-de Nu-pi-ta-nien geht's nu-pi-ta-nisch her. Denn al-le Nu-pi-tan-ier gehn ger-ne kreuz und quer. 1. Die Nu-pi-tan-ier wan-dern von ei-nem Ort zum an-dern und ste-hen da in Ruh' und ni-cken sich nur zu. Ich mit dir, du mit mir, ich mit dir, du mit mir. Das war ganz fa-mos, da lau-fen 'se wie-der los.

Refrain: Im Lande Nupitanien
geht's nupitanisch her.
Denn alle Nupitanier
gehn gerne kreuz und quer.

KOMMUNIKATION UND INTERAKTION

2. Die Nupitanier streben,
   wenn sie die Hand sich geben,
   stets aufeinander zu,
   genau wie ich und du.

   Ich mit dir, du mit mir,
   ich mit dir, du mit mir.
   Das war ganz famos,
   da laufen se wieder los.

   Refrain: Im Lande Nupitanien ...

3. Die Nupitanier heben,
   jetzt ihre rechte Faust,
   und stumpen sich ganz sachte,
   denn kräftig sind sie auch.

   Erst mit rechts, dann mit links,
   ja, so geht's, ja so ging's!
   Das war ganz famos
   da laufen se wieder los.

   Refrain: Im Lande Nupitanien ...

4. Die Nupitanier heben
   jetzt ihre linke Hand,
   berühren sich zum Friedensgruß
   im Nupitanierland.

   Dann mit rechts, dann mit links,
   ja, so geht's, ja so ging's.
   Das war ganz famos,
   da laufen se wieder los.

   Refrain: Im Lande Nupitanien ...

5. Sie stehen voreinander
   und einer klopft dem andern
   die Schulter mit der Hand,
   so wird man sich bekannt.

   Erst mit rechts, dann mit links,
   ja, so geht's, ja so ging's
   Das war ganz famos,
   da laufen se wieder los.

   Refrain: Im Lande Nupitanien ...

6. Sie gehen sehr geruhsam
   ohne dabei zu flitzen
   und tippen einander
   ihre Nasenspitzen.

   Erst mit rechts,
   dann mit links,
   ja, so geht's, ja so ging's
   Das war ganz famos,
   da laufen se wieder los.

   Refrain: Im Lande Nupitanien ...

SPIELLIED

7. Was tun sie mit Entzücken?
   Sie reiben ihre Rücken
   sehr wohlig auf und nieder –
   jetzt tun sie es schon wieder!

   Ich mit dir, du mit mir,
   ich mit dir, du mit mir.
   Das war ganz famos,
   da laufen se wieder los.

   Refrain: Im Lande Nupitanien ...

8. Und jetzt in jedem Falle,
   da kennen sie sich alle
   und steh'n im Kreis am Ende
   und reichen sich die Hände.

   Ich mit dir, du mit mir,
   ich mit dir, du mit mir.
   Das ist ganz famos,
   und keiner läuft mehr los.

Variation

Die Bewohner von Nupitanien freuen sich über Besucher ihrer Stadt. Jeder Besucher darf nämlich neue Grußformen mitbringen. Deswegen wird das Lied noch einmal gesungen, wobei ein paar neue Begrüßungsrituale vorgeschlagen und ausprobiert werden:

Die Nupitanier grüßen
sich manchmal mit den Füßen.
Auch da kann man was spür'n,
wenn Füße sich berühr'n.

Die Nupitanier schielen
beim Stippevöttche* spielen,
und stupsen Po an Po,
und das geht nämlich so!

Ja, ja, die Nupitanier,
sie allesamt was taugen,
da steh'n sie da und lächeln
und schaun sich in die Augen.

*Stippevöttche spielen = Po stupsen

2 FÜHREN UND GEFÜHRT WERDEN

In der Pferdeschule

FÜHREN UND GEFÜHRT WERDEN

Bedeutung für die kindliche Entwicklung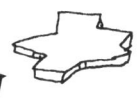

Sich mit anderen verständigen, eigene Wünsche ausdrücken, aber auch die der anderen wahrnehmen, eine Situation auch aus der Perspektive des Spielpartners sehen – diese Fähigkeiten gehören zu den wichtigsten Grundlagen sozialen Verhaltens. Bewegungsspiele beinhalten zahlreiche Situationen, die es erforderlich machen, dass Kinder sich mit ihren Spielpartnern auseinander setzen, Rollen übernehmen und Spielregeln aushandeln.

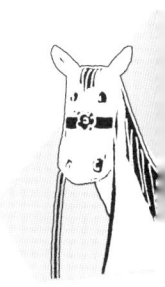

Dabei nehmen sie verschiedene Rollen ein: Mal übernehmen sie die Verantwortung für einen Partner, führen und begleiten ihn, ein anderes Mal lassen sie sich führen, vertrauen sich ihrem Partner an. Hilfreich sind für die Übernahme solcher Rollen Spielideen, die das Führen und Sich-führen-Lassen zum Thema machen: Ein Pferd lässt sich z.B. von seinem Reiter führen, ein Kutscher lenkt sein Pferd, ein Blinder wird von seinem Hund begleitet ... Beide Spielpartner verständigen sich über Körpersignale und lernen, sich genau aufeinander einzustellen.

Die Spielidee „Pferde und Kutscher" lässt den Wechsel von Dominanz und Unterlegenheit zu, wobei die Bezeichnung „Pferdeschule" bereits deutlich macht, dass diese Rollen und Aufgaben zuerst noch gelernt werden müssen. Es ist also ganz selbstverständlich und gehört zum Spiel, wenn ein Pferd noch nicht so richtig „gezähmt" ist, wenn es als Kutschpferd ausreißt und alleine umhertraben will.
Auch der Kutscher kann in der „Pferdeschule" lernen, wie man ein Pferd mit Hilfe der Zügel lenkt und wie man ihm über die Zügel Befehle gibt. Beide Spielpartner üben sich so in ihrer kinästhetischen Wahrnehmung, d.h. in ihrer Fähigkeit zur differenzierten Wahrnehmung von Bewegungen.

Geübt werden aber auch die Grundbewegungsformen Gehen, Hüpfen, Laufen. In die Pferdesprache übersetzt heißen sie Schritt, Trab und Galopp. Diese werden gemeinsam mit einem Partner ausgeführt, so dass die Anpassung der eigenen Bewegung an die Fähigkeiten des anderen als besondere Anforderung hinzukommt.

Die soziale Interaktion beginnt schon bei der Auswahl eines Partners: Das Pferdchen benötigt einen Kutscher, der Kutscher sucht sich ein Pferd. Bereits dieses aktive Zugehen auf einen anderen bereitet einigen Kindern Schwierigkeiten. Manchmal muss sich die Pädagogin deswegen als Spielpartner anbieten und eventuell hat sie dann auch mehrere Kutschpferde, die sie lenken muss.

Die Rollen von Kutscher und Pferd sind nicht gleichrangig: Der Kutscher darf lenken, er führt das Pferd, aber das Pferd muss sich auch darauf einlassen und die Signale, die durch die Zügel (Seile oder Reifen) gegeben werden, erkennen und darauf reagieren. Manchmal übernimmt aber auch das Pferd die Führung und gibt dem Kutscher Tempo, Gangart und Richtung vor.

Die folgenden Spielideen beinhalten daher eine Reihe von Spielformen, die den Wechsel zwischen der Rolle des Führens und Sich-führen-Lassens zum Thema machen. Manche Kinder wollen immer nur die dominanteren Rollen übernehmen, sie wollen den Kutscher spielen. Hier gilt es, behutsam auf die Notwendigkeit des Rollenwechsels hinzuweisen. Auch der Kutscher muss einmal in die Rolle des Pferdes schlüpfen, ebenso sollte das Pferd einmal die Zügel führen, um zu erfahren, dass das Spiel nur dann gelingt und Spaß macht, wenn beide sich aufeinander einstellen.

Spielidee: In der Pferdeschule

Jeweils zwei Kinder haben ein Seil oder einen Gymnastikreifen. Einer spielt den Kutscher, der andere das Pferd. Reifen oder Seil stellen die Zügel dar, mit deren Hilfe der Kutscher sein Pferdchen „lenkt".

Wird ein Reifen verwendet, steht das Pferdchen im Reifen und fasst ihn in Bauchhöhe mit beiden Händen wie Pferdezügel. Der Kutscher steht außerhalb des Reifens hinter ihm und hält den Reifen (die Zügel) fest.

Wenn ein Seil verwendet wird, kann es dem Pferdchen um den Nacken gelegt und unter den Armen nach hinten gezogen werden. Der Kutscher hält die beiden Seilenden wie Zügel in der Hand.

Paargalopp

Beide galoppieren, hüpfen, gehen gemeinsam, dabei muss sich der Kutscher an die Bewegungen seines Pferdchens anpassen. Wenn es galoppieren möchte, muss auch der Kutscher galoppieren.

Der Kutscher darf das Pferdchen antreiben, indem er den Reifen oder das Seil leicht auf- und ab bewegt.

Das Pferdchen muss darauf achten, dass es seinen Kutscher nicht verliert. Beide müssen sich erst einmal aufeinander einstellen, damit sie ein gemeinsames Bewegungstempo und einen gemeinsamen Rhythmus entwickeln.

Die Rollen „Kutscher" und „Pferd" sollten mehrfach gewechselt werden.

Gangarten

Pferde kennen verschiedene Gangarten: Schritt, Trab und Galopp. Pferdchen und Kutscher gehen, traben und galoppieren und wechseln immer wieder die Gangarten. Dabei kann mal das Pferdchen, mal der Kutscher den Befehl dazu geben. Am einfachsten gelingt der Wechsel, wenn die Erzieherin durch Klatschen oder durch ein Tamburin den Rhythmus vorgibt.

Raumerkundung

Der Kutscher gibt die Richtung an, in die das Pferdchen gehen oder laufen soll. Zieht er das Seil/den Reifen leicht nach rechts, muss das Pferdchen eine Rechtskurve einschlagen.

Nicht immer gehorcht das Pferdchen, manchmal „bockt" es auch, springt wütend hin und her.

Hindernisspringen

Im Raum sind einfache, niedrige Hindernisse (Schaumstoffteile, Tücher oder Zeitungen, Teppichfliesen) ausgelegt. Pferdchen und Kutscher überspringen die Hindernisse oder reiten um sie herum.

Bei diesem Spiel lernen die Kinder, sich im Raum zu orientieren, sie erkunden seine Dimensionen, wechseln zwischen engen und weiten Raumwegen, der Raum strukturiert die Bewegung.

FÜHREN UND GEFÜHRT WERDEN

Spiellied

All die oben vorgestellten Bewegungsspiele gehen in das folgende Spiellied vom „Zockelpferdchen" ein. Wenn man aufmerksam dem Text lauscht, kann man die besungenen Situationen mitspielen. Anfangs ist es allerdings leichter, wenn die einzelnen Strophen vorgelesen werden und die Kinder selbst Möglichkeiten finden, wie sie die im Text beschriebenen Ereignisse mit ihren Partnern umsetzen. Für Kinder ist es besonders schön, dass das Pferdchen nicht immer gehorchen muss. In der 4. Strophe „bockt" es, widersetzt sich den Befehlen des Kutschers, aber es lässt sich auch wieder von ihm beruhigen.

„Mein Zockelpferdchen"

Text: Fredrik Vahle, Renate Zimmer / Musik: Fredrik Vahle

1. Komm, mein liebes Zockelpferdchen, komm, wir gehen los. Hoppen-dop und im Galopp, die Welt ist riesengroß. Ritiratatum, so gehen wir herum. Ritiratatum, so gehen wir herum.

SPIELLIED

1. Komm, mein liebes Zockelpferdchen,
   komm, wir gehen los.
   Hoppendop und im Galopp,
   die Welt ist riesengroß.

Refrain: Ritiratatum, so gehen wir herum.

Kutscher und Pferdchen gehen gemeinsam durch den Raum.

2. Und wir laufen schneller,
   durch die Wiesen, durch die Felder.
   Ja, mein liebes Zockelpferdchen
   läuft so, wie ich selber.

Refrain: Ritiratatum, so laufen wir herum.

Tempo steigern: Laufen

3. Achtung, stopp, jetzt links herum
   und rechts herum, zack, zack!
   Ach, du alter Zottelgaul,
   dich krieg' ich schon auf Trab!

Refrain: Achtung und rechts um, dich krieg' ich schon herum!

Richtungswechsel nach links und rechts, der Kutscher zieht entsprechend an den Zügeln.

4. Doch was ist nur los?
   Mein Zockelpferdchen will nicht mehr.
   Und es bockt und ärgert sich,
   springt wütend hin und her.

Refrain: Nix mit Ratatum, es stampft und schnaubt herum.

Das Pferdchen „bockt", bleibt stehen, springt in verschiedene Richtungen.

Das Pferdchen stampft und schnaubt.

5. Doch ich klopf ihm auf die Schulter,
   streichel ihm die Haare;
   wiehert da mein Zockelpferdchen,
   laut wie 'ne Fanfare.

Der Kutscher besänftigt das Pferdchen, klopft ihm sanft auf die Schultern.

Refrain: Ritiratatum, so laufen wir herum.

6. Hoppendop und im Galopp,
   so geht es immer weiter,
   springt es über Stock und Stein,
   mit und ohne Reiter.

Kutscher und Pferdchen hüpfen und galoppieren.

Refrain: Ritiratatum, so laufen wir herum.

7. Komm, mein liebes Zockelpferdchen,
   wir woll'n beide traben,
   kommen wir nach Haus,
   sollst du ein gutes Fressen haben.

Tempo verringern, gemeinsam traben.

Refrain: Ritiratatum, so traben wir herum.

8. Sind wir endlich dann zu Haus,
   ist das Zockelliedchen aus.

SPIELLIED

Entspannungsphase als Abschluss des Spiels

Abschließend legen sich alle Pferdchen auf eine sonnige Wiese und ruhen sich von dem anstrengenden Ausritt aus. Die Kutscher fächeln den Pferdchen mit einem Tuch frische Luft zu. Wer möchte, kann sich von seinem Kutscher auch „das Fell striegeln" lassen (mit dem Tuch sanft den Rücken abreiben).

3 ZWISCHEN ANGST UND FASZINATION

Im Walde von Schloss Spukenstein

Bedeutung für die kindliche Entwicklung

Geister und Gespenster wecken bei Kindern ambivalente Gefühle: Einerseits sind jüngere wie auch ältere Kinder fasziniert von der spannungsvollen Atmosphäre, die das Thema umgibt, andererseits löst die Vorstellung, einem solch unheimlichen Wesen zu begegnen, auch Angst aus. Vor allem zur Zeit der Dämmerung und Dunkelheit sind Kinder empfänglich für Spukgeschichten und das Auftreten magischer Gestalten. Und ist die Fantasie erst einmal für dieses Thema geweckt, entwickeln sich immer neue schaurig-schöne Spielszenen.

Gespenster sind für Kinder auch deshalb so wichtig, weil sie etwas mit dem Unheimlichen zu tun haben, mit dem Unsichtbaren, dem Geheimnisvollen. Furcht und Faszination sind dabei eng miteinander verbunden.
Die folgenden Spielszenen handeln von Moorhexen, Schlossgespenstern, Waldfeen, Poltergeistern und Vampiren. Es gibt „gute" und „böse" Geister, aber auch die „guten" Geister wohnen an geheimnisvollen Orten, im dunklen Wald, auf einem alten Schloss oder im tiefen Moor. Sie tragen seltsame Kleidung, machen schaurige Geräusche und verbreiten eine unheimliche Stimmung.
Das Thema Gespenster motiviert die Kinder zum Rollenspiel: sich als Gespenst verkleiden, schaurige Töne und Geräusche machen, ein Gespensterfest feiern ...

Die Identifikation mit der Gespensterrolle kann ängstlichen Kindern Gelegenheit geben, mit ihren Ängsten besser umzugehen. Wenn man schon selbst einmal Gespenst war, fürchtet man sich nicht mehr so sehr vor den unheimlichen Fantasiegestalten. Unsichere Kinder spüren, dass sie in ihrer Rolle stark werden, dass sie auf andere Eindruck machen können, diese sogar erschrecken können. Sie lernen aber auch, dass das Sich-Erschrecken zum Spiel gehört, dass es kein Zeichen von Schwäche ist, wenn man sich auch einmal vor einem anderen Gespenst fürchtet. Im Rollenspiel haben die Kinder viele Möglichkeiten, sich mit solch ambivalenten Gefühlen auseinander zu setzen.
Hier erhalten sie auch Gelegenheit, verschiedene körperliche, sprachliche und stimmliche Ausdrucksmöglichkeiten auszuprobieren. Darüber hinaus geben die Rahmenbedingungen der Spiele viele Gelegenheiten, die Wahrnehmungsfähigkeit zu fördern.

Spielideen zur konstruktiven Bewältigung von Ängsten

In einem Gespräch tragen die Kinder zunächst einmal zusammen, welche Vermutungen, Befürchtungen, Fantasien und Kenntnisse sie von Geistern und Gespenstern haben. Wie stellen sie sich Gespenster vor, wo leben sie, welche Gespenster kommen in Geschichten und Märchen vor?

Bettlaken, Gardinen und durchsichtige große Tücher stellen die wichtigsten Requisiten beim Gespensterspiel dar. Mit ihnen gelingt die Verwandlung in Gespenster am schnellsten. Auch wer nicht mitspielt, wird erleben, wie sich die Stimmung in der Gruppe blitzschnell verändert, wenn nur einige Gespenster heulend und kreischend herumsausen. Wie verändert die Verkleidung die Bewegung? Richtige Gespenster schleichen, schweben, können manchmal sogar unsichtbar und damit auch lautlos werden. Gelingt es den Gespenstern, durch den Raum zu huschen, ohne dass man etwas von ihnen hört?

Gespensterstimmen

Welche Geräusche machen Gespenster? Um das herauszufinden, muss man mit der eigenen Stimme experimentieren: huhuhu ..., hihihi ..., huaaaaa – heulen, kreischen, zischen ... Dabei kann man die Ausdrucksmöglichkeiten der eigenen Stimme erproben und verschiedene Lautstärken ausprobieren. Wie hören sich die Gespenstertöne der anderen Mitspieler an? Ändert sich etwas im eigenen Empfinden, wenn man die Geräusche mit geschlossenen Augen oder mit einem Laken über dem Kopf anhört?

Gespenstergeräusche

Nicht nur mit der Stimme kann man Geisterstimmung schaffen. Kettenrasseln, Knochengeklapper, Schlüsselklirren – auch solche Geräusche machen die Gespenster. Jedes Gespenst darf sich ein (einfaches) Instrument oder einen Gegenstand suchen, der sich – vor allem wenn er einzeln in der Dunkelheit zu hören ist – schauerlich anhört.

Mit den Händen sehen

Zur Geisterstunde ist es immer dunkel. Daher müssen sich die Gespenster auch mit geschlossenen Augen gut im Raum orientieren können. Sie schleichen langsam und leise durch den Raum und versuchen zu erkennen, wo sie sich gerade befinden, indem sie sich mit den Händen vortasten. Anschließend dürfen die Augen zur Kontrolle geöffnet werden.

Geisterhöhlen

Aus Stühlen, Tischen und Decken wird eine Höhle gebaut. Hier können sich die Gespenster ausruhen oder bis zur Geisterstunde schlafen.

Geisterstunde

Wann wachen die Gespenster auf? Die Geisterstunde ist kurz. Die schlafenden Gespenster müssen gut zuhören, wann die Kirchturmuhr zwölf schlägt (Gong oder Triangel), dann erheben sie sich aus ihren Gespensterbetten und geistern durch die Nacht. Zu viel Lärm dürfen sie nicht machen, damit sie den Glockenschlag um ein Uhr nicht verpassen. Die Geisterstunde ist dann vorbei und alle sinken wieder in ihre Betten.

Geisterschloss

Gemeinsam kann auch ein großes Geisterschloss – „Schloss Spukenstein" – errichtet werden. Hier wohnen viele verschiedene Gespenster, Geister und Hexen, die sich jede Nacht um zwölf Uhr zum Gespensterfest versammeln. Das Gespensterfest dauert von Mitternacht bis ein Uhr: Wild und ausgelassen tanzen die Gespenster, sie müssen in der einen Stunde alles nachholen und erleben, wozu Menschenkinder mindestens zwölf Stunden Zeit haben. Pünktlich um eins sinken sie dann in tiefen Schlaf.

SPIELIDEEN ZUR KONSTRUKTIVEN BEWÄLTIGUNG VON ÄNGSTEN

Spiellied

Im folgenden Gespensterlied kommen unterschiedliche Gespenster und Geister vor. Jedes Kind sucht sich aus, zu welcher Gespenstergruppe es gehören will:

- Poltergeister,
- Schlossgespenster,
- Windgeister,
- Moorhexen.

Die einzelnen Gruppen überlegen gemeinsam, wie ihre Verkleidung aussehen soll, durch welche Geräusche und welche Bewegungen sie ihre besondere Rolle hervorheben und sich von den anderen unterscheiden können.
In jeder Strophe des Liedes treten die vier Gespenstergruppen nacheinander einzeln auf, sie stampfen, schweben, schleichen, pfeifen oder heulen, bis ihre Strophe zu Ende ist. Dann tanzen alle Gespenster und Geister gemeinsam, sie machen einen großen Krach und pfeifen und heulen durcheinander. Plötzlich schlägt es ein Uhr und die Geisterstunde ist vorbei.

Die abschließende Entspannungsphase sollte möglichst noch ein paar Minuten ausgedehnt werden. Die Lehrerin/Erzieherin kann evtl. den Text der letzten Strophe noch einmal wiederholen und mit leiser, ruhiger Stimme die Entspannungsphase begleiten.

„Im Walde von Schloss Spukenstein“

Track
3

Text: Fredrik Vahle, Renate Zimmer / Musik: Fredrik Vahle

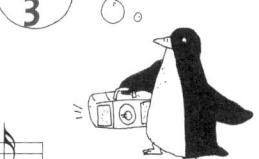

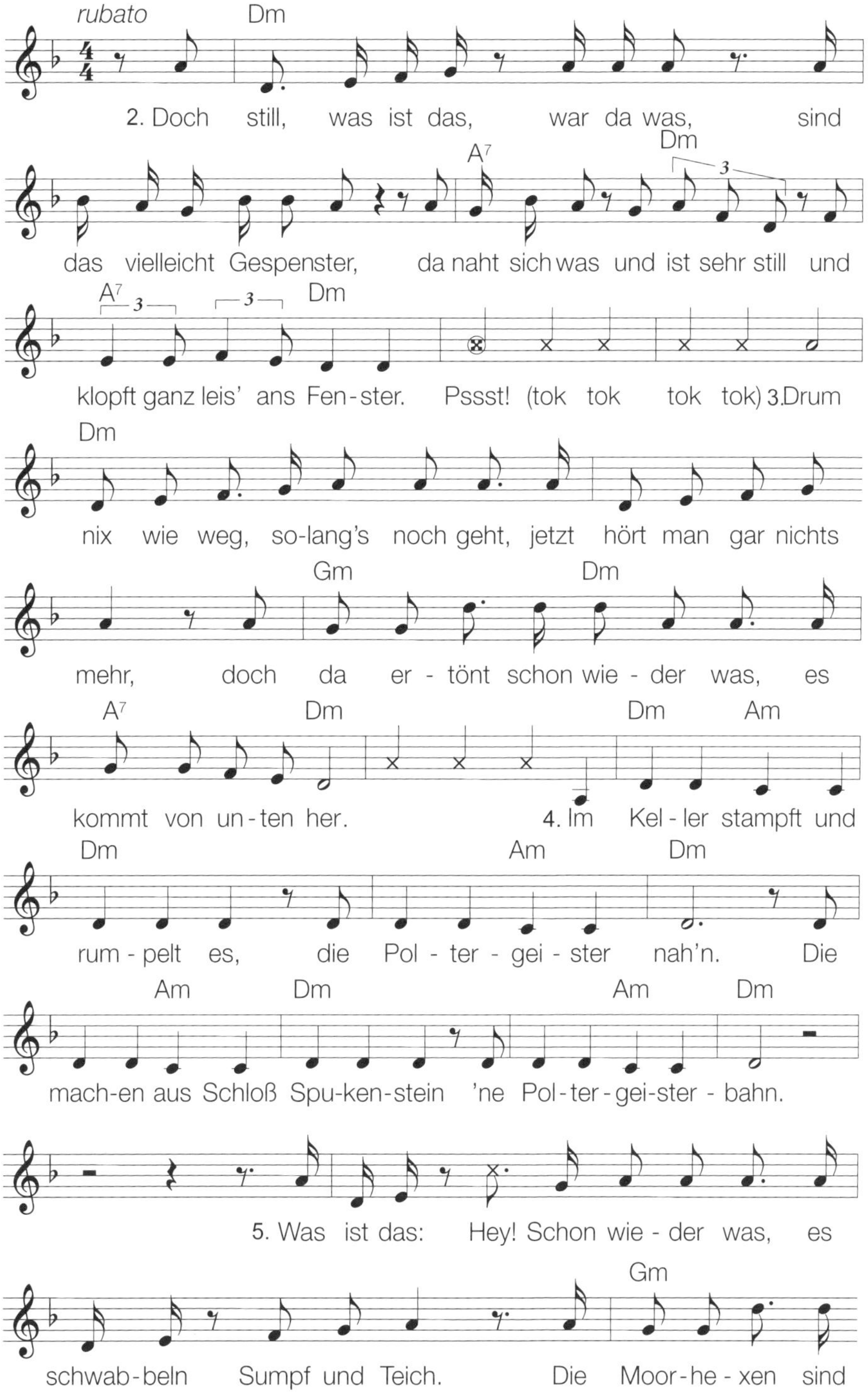
rubato
Dm
2. Doch still, was ist das, war da was, sind
A7 Dm
das vielleicht Gespenster, da naht sich was und ist sehr still und
A7 Dm
klopft ganz leis' ans Fen-ster. Pssst! (tok tok tok tok) 3.Drum
Dm
nix wie weg, so-lang's noch geht, jetzt hört man gar nichts
Gm Dm
mehr, doch da er - tönt schon wie - der was, es
A7 Dm Dm Am
kommt von un-ten her. 4. Im Kel - ler stampft und
Dm Am Dm
rum - pelt es, die Pol - ter - gei - ster nah'n. Die
Am Dm Am Dm
mach-en aus Schloß Spu-ken-stein 'ne Pol-ter-gei-ster - bahn.
5. Was ist das: Hey! Schon wie - der was, es
Gm
schwab-beln Sumpf und Teich. Die Moor-he - xen sind

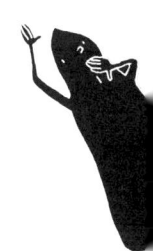

| Dm | A⁷ | Dm |

auch schon da, pass auf, du hörst sie gleich, die

| Gm | Dm | A | Dm |

Moor - hex - en sind auch schon da, pass auf, du hörst sie gleich.

Gm Dm A⁷ Dm Gm Dm A⁷ Dm

6. Da plötz - lich kommt was

| Gm | Dm |

von weit her, heult durch die dunk - le Nacht. In

| A⁷ | Dm |

Saus und Braus, denn da sind die Wind - gei - ster auf - ge - wacht.

Am Dm Am Dm Am Dm Am Dm

Es

| Gm | Dm |

7. pol - tert, kichert, heult und saust, hoi, hoi, die Nachtgespenster. Sie

| A⁷ | Dm |

tan - zen, dass die Er - de bebt, da wa - ckeln al - le Fen - ster.

Gm Dm A Dm Gm Dm A Dm

9. Doch dann ist der Gespenstertanz

| Gm |

mit ei - nem Mal vor - bei. Die Uhr schlägt eins und

| Dm | A⁷ | Dm |

es ist Schluss mit der Ge - spen - ster - ei. 10. Sie

ZWISCHEN ANGST UND FASZINATION

1. Im Walde von Schloss Spukenstein
   die Uhr schlägt zwölf, da heulen,
   in der rabenschwarzen Nacht
   nicht nur Schleiereulen.

2. Doch still, was ist das? War da was?
   Sind das vielleicht Gespenster?
   Da naht sich was und ist sehr still
   und klopft ganz leis' ans Fenster.

Gespenstergestalten huschen leise durch den Raum.

Gesprochen: Pssst … da! Pssst … wo?
Pssst … poch poch! Pssst … aha!

3. Drum nix wie weg, solang's noch geht,
   jetzt hört man gar nichts mehr!
   Doch da ertönt schon wieder was,
   das kommt von unten her.
   Poch Poch Poch!

4. Im Keller stampft und rumpelt es,
   die Poltergeister nah'n.
   Die machen aus Schloss Spukenstein 'ne Poltergeisterbahn.

Die Gruppe der Poltergeister stampft und poltert herein.

5. Was ist das? Hey! Schon wieder was!
   Es schwabbeln Sumpf und Teich,
   Die Moorhexen sind auch schon da,
   pass auf, du hörst sie gleich.

Die Moorhexen kichern und lachen.

6. Da plötzlich kommt was von weit her,
   heult durch die dunkle Nacht.
   In Saus und Braus, denn da sind die Windgeister aufgewacht.

Mit wehenden Gewändern fliegen die Windgeister herbei; sie pusten und blasen und machen Windgeräusche.

7. Es poltert, kichert, heult und saust,
   hoi, hoi die Nachtgespenster.
   Sie tanzen, dass die Erde bebt,
   da wackeln alle Fenster.

Tanzende Nachtgespenster nähern sich, sie heulen und machen unheimliche Geräusche.

8. Moorhexen und Poltergeister sind's,
   Windgeister, Schlossgespenster.
   Sie tanzen, dass die Erde bebt,
   da wackeln alle Fenster.

Alle Gespenster treten gemeinsam auf, sie wirbeln durcheinander und machen einen großen Gespensterlärm.

9. Doch dann ist der Gespenstertanz
   mit einem Mal vorbei.
   Die Uhr schlägt eins und es ist Schluss
   mit der Gespensterei.

Alle Gespenster sinken auf den Boden und bleiben ruhig liegen.

10. Sie gähnen und sie räkeln sich
    und sinken hin im Dunkeln.
    Sie klappen ihre Augen zu
    und tausend Sterne funkeln.

Die Gespenster gähnen und sie räkeln sich und schlafen ein.

Gesprochen: Pssst ... da! Pssst .. wo? Psssst ... Na da oben! Pssst ... aha!

Variation

Auch zu diesem Lied können gemeinsam mit den Kindern Zusatzstrophen gefunden werden. So passt zum Beispiel zum weißen Gespenstergewand folgender Text:

Doch da, ein weißes Schlossgespenst,
man kann's ganz deutlich sehn.
Es schwebt auf Geisterflügeln ran,
heult schauerlich und schön.

4 DAS SPIEL MIT DEM GLEICHGEWICHT

Auf dem Karussell

Bedeutung für die kindliche Entwicklung

Zum ersten Mal aufrecht stehen, den Körper aufrichten und das eigene Gewicht so ausbalancieren, dass man nicht umfällt – dies ist für Kleinkinder eine anstrengende Leistung und eine wichtige Erfahrung. Zunächst ist ihr Gang noch breitbeinig, sie bewegen sich wie die Matrosen an Bord eines schwankenden Schiffes, damit sie im Gleichgewicht bleiben.

Alle auf festem Boden lebenden Lebewesen müssen sich mit der Anziehungskraft der Erde und mit der Beschaffenheit des Untergrundes auseinander setzen. Die Voraussetzungen hierfür liefert das Gleichgewichtssystem. Es ist für die Aufrechterhaltung des Körpers und die Orientierung im Raum verantwortlich. Es befähigt darüber hinaus den Organismus, Beschleunigungen und Drehbewegungen wahrzunehmen und sich darauf einzustellen. Der Kampf mit dem Gleichgewicht geht deswegen auch das ganze Leben weiter.

Für Kinder haben Gleichgewichtsspiele allerdings einen ganz besonderen Reiz. Sobald sie aufrecht gehen und selbstständig laufen können, haben sie ihren Spaß daran, das Gleichgewicht immer wieder aufs Spiel zu setzen. Sie suchen nach Grenzerfahrungen: Von einem Stein zum anderen springen, auf schmalen Bordsteinkanten balancieren oder auf einem kippligen Brett stehen bleiben – solche Situationen sind spannend und lustvoll zugleich. Sie stellen aber auch gute Gelegenheiten dar, den Gleichgewichtssinn zu üben und so zu verbessern.

Interessant sind dabei nicht nur schwankende und wackelige Gegenstände, sondern auch Situationen, die die Lage des Körpers im Raum verändern: Sich um die eigene Achse drehen, immer schneller werden, stehen bleiben und spüren, wie sich die Welt – scheinbar – weiterdreht ... Auch die Drehbeschleunigung fordert den Gleichgewichtssinn heraus. Fixiert man mit den Augen einen Punkt im Raum, kann der Drehschwindel reduziert werden. Kinder lieben es, den Taumel des Drehens bis zum Umfallen auszukosten. Deswegen gehören auf dem Jahrmarkt die Kettenkarussells zu den besonderen Attraktionen.

Spielanlässe für sensorische Erlebnisse

Kreisel

Ein Spielzeugkreisel dient als Anschauungsobjekt: Solange er sich dreht, bleibt er aufrecht, also im Gleichgewicht. Werden seine Drehbewegungen langsamer und hören schließlich ganz auf, fällt er um.

Die Kinder spielen Kreisel, die sich auf unterschiedliche Weise drehen können:
- im Sitzen auf dem Po mit angehobenen Beinen,
- im Stehen auf einem Bein,
- in der Bauchlage, dabei mit den Händen vom Boden abstoßen etc.

Figuren werfen

Jeweils zwei Kinder fassen sich an den Händen und drehen sich gemeinsam um die eigene Achse. Eines von beiden lässt los und wird weit in den Raum geschleudert.

Wippen bauen

Eine Wippe kann von den Kindern selbst gebaut werden:
- über ein Rohr wird ein Brett gelegt,
- ein Brett wird in die Schlaufe eines dicken, an der Decke oder einem Klettergerüst befestigten Taues eingehängt,
- eine Turnbank wird mit der Sitzfläche über einen kleinen Kasten gelegt.

Die Wippen können – je nach Stabilität – von mehreren Kindern gleichzeitig benutzt werden.

Figurenkarussell

Die Kinder stellen sich vor, sie säßen auf einem Figurenkarussell. Jeder sucht sich eine Figur aus diesem Karussell aus: Einen Elefanten, eine Kutsche, eine Giraffe etc. Das Karussell dreht sich und die Figuren drehen sich mit. Plötzlich bleibt es stehen und die Figuren werden lebendig. Sie springen vom Karussell herunter und toben durch die ganze Stadt. Jedes Kind spielt die Figur, auf der es während der imaginären Karussellfahrt gesessen hat.

Kettenkarussell

Jeweils zwei Kinder fassen sich an den Händen und drehen sich.
Sie finden verschiedene Formen des Karussellspiels, z. B.:
- mit über kreuz gefassten Händen drehen,
- ein Partner bleibt stehen und dreht sich um die eigene Achse, den anderen hat er an den Händen gefasst und dreht ihn um sich herum, so wird der Schwung immer größer.

Spiellied

Das Spiellied „Karussell" eignet sich zum Abschluss einer Bewegungsstunde. Es kann sowohl von jedem Kind einzeln als auch in Kreisform durchgeführt werden. Die folgende Beschreibung knüpft an das oben vorgestellte Karussellspiel zu zweit an. Aus den vielen kleinen Karussells wird ein großes. Die Kinder stehen zu Paaren und stellen sich auf der Kreisbahn auf.

„Karussell"

Text: Fredrik Vahle, Renate Zimmer / Musik: Fredrik Vahle

Track 13

1. Schau, ich bin ein Ka-rus-sell, dreh' mich um und um, mei-ne Ar-me flie-gen leicht rund um mich he - rum.

SPIELLIED

1. Schau, ich bin ein Karussell,
   dreh' mich um und um.
   Meine Arme fliegen leicht
   rund um mich herum.

In Kreisaufstellung (ohne Handfassung) die Arme ausbreiten und sich um die eigene Achse drehen.

2. Schau, ich bin ein Karussell,
   drehe mich schon schneller.
   Meine Arme fliegen bald,
   schnell wie ein Propeller.

Die Arme beim Drehen auf- und abbewegen.

3. Schau, ich bin ein Karussell,
   dreh' mich immer schneller,
   auf dem großen Rummelplatz,
   schnell wie ein Propeller.

Wie oben, aber immer schneller werden.

4. Schau, ich bin ein Karussell,
   lire, lare, lum.
   Doch am Ende, doch am Ende,
   kippt die Bude um.

Langsamer drehen und sich auf den Boden sinken lassen.

Spiellied

Das folgende Spiellied hat einen beruhigenden, gleichmäßigen Rhythmus. Es eignet sich ebenfalls als Lied zum Abschluss einer Bewegungsstunde, da es die Gruppe zusammenführt und sich auf minimale, elementare Bewegungen, die von jedem Kind ausgeführt werden können, beschränkt. Man kann es im Stehen oder im Sitzen ausführen, wichtig ist nur, dass alle Teilnehmer miteinander verbunden sind (z.B. im Kreis stehen und sich die Hände reichen oder hintereinander stehen und sich die Hände auf die Schultern legen). Am schönsten ist es, wenn alle Kinder hintereinander sitzen, sich mit den Händen an den Schultern fassen und im Rhythmus des Liedes mitschaukeln.

„Schaukelschiff"

Text und Musik: Fredrik Vahle

1. Das Schiff auf dem Meer
   schaukelt hin und her
   schaukelt hin und her,
   das Schiff auf dem Meer,
   das Schiff auf dem Meer.

Die Kinder sitzen hintereinander in einer Reihe und wiegen sich im Rhythmus des Liedes hin und her („schaukeln").

SPIELLIED

2. Als ob es ein Schiffschaukel
   Schaukelschiff wär,
   so schaukelt das Schaukelschiff
   hin und her,
   ja, hin und her,
   ja, hin und her.

wie oben

3. Und was auf dem Schiff ist,
   das schaukelt sehr.
   Der Steuermann schaukelt,
   der Käpt'n noch mehr.

wie oben

4. Und dem Käpt'n sein Kaffee
   schwappt vor und zurück,
   und er will einen Schluck,
   doch heut' hat er kein Glück.

Die Richtung der rhythmischen Bewegungen ändern: Nach vorne und nach hinten schaukeln.

5. Potz, Donner und Doria,
   Schimmel und Teer,
   er stampft, als ob er
   der Klabautermann wär.

Mit der Faust auf den Boden schlagen.

6. Die Matrosen singen:
   Aloa he, und winken dabei
   mit dem großen Zeh.
   Aloa he,
   Aloa he.

Ein Bein anheben und mit dem Fuß oder dem Zeh winken.

7. Und sie hören wie ferne
   die Seejungfrau singt,
   dass es Mann und Maus
   tief ins Herz hinein dringt.

Sich gemeinsam hin und her wiegen.

8. Und die Möwen,
   die lachen dem Schiff hinterher,
   und so schaukelt das Schaukelschiff über das Meer.

wie oben

9. Und die Möwen,
   die lachen dem Schiff hinterher,
   und ist es verschwunden,
   dann sieht man's nicht mehr.

Die Schaukelbewegungen werden langsamer, behutsam lehnt sich jedes Kind an die Schulter oder den Rücken eines anderen und bleibt ruhig sitzen bzw. liegen.

Konzentrations- und Ruhespiele

Sonnenschein und Regen

Die Kinder sitzen paarweise hintereinander auf dem Boden. Das vordere Kind hat die Augen geschlossen, das andere lässt es auf seinem Rücken „regnen" (mit den Fingerkuppen auf dem Rücken klopfen). Die Regentropfen werden mal stärker, mal schwächer.

Evtl. kann das vordere Kind ansagen, ob es einen starken Regenschauer, Nieselregen oder Sonnenschein (Rücken mit flachen Händen ausstreichen) wünscht. Das hintere muss entsprechend darauf reagieren.

Wetterkarte

Zwei Partner sitzen hintereinander, einer schließt die Augen. Die Erzieherin/ Lehrerin spielt die Tagesschausprecherin, die „das Wetter morgen" ankündigt. Die „Wetterkarte" wird auf dem Rücken des vorderen Partners aufgemalt:

„Im ganzen Land wird es morgen regnen, zuerst wird es ein ganz leichter Nieselregen sein,	*leichtes Trommeln mit den Fingerkuppen auf den Rücken des Partners*
dann kann es hin und wieder auch größere Schauer geben,	*festeres Klopfen mit den Fingerspitzen*
mittags kommt dann aber die Sonne heraus, sie breitet sich immer mehr aus,	*sanft über den Rücken streicheln*
scheint zuerst im Norden	*am Nacken beginnen*
und wandert dann auch in den Süden.	*auf den ganzen Rücken ausdehnen*
Am Nachmittag wird es dann örtliche Gewitter geben.	*leichtes Trommeln mit den Fäusten*

Es weht ein starker Wind, der auch in einen Sturm übergehen kann.	*auf den Rücken pusten* *festes Pusten mit Geräuschen*
In einigen Gegenden kann es auch donnern	*festes Trommeln mit den Fäusten*
und sogar blitzen.	*mit einer Fingerspitze „pieksen"*
Am Abend gibt es dann Hagelschauer,	*festes Trommeln mit den Fingerkuppen*
die im Lauf der Nacht wieder in leichten Regen übergehen.	*Fingerkuppen trommeln ganz schnell und sanft*
An den folgenden Tagen wird dann aber voraussichtlich im ganzen Land die Sonne scheinen.	*leichtes Streicheln über den ganzen Rücken*

Danach: Rollenwechsel

5 Symbol- und Rollenspiele 1

Bedeutung für die kindliche Entwicklung

Tiergestalten regen Kinder zu Bewegungsspielen an: Watscheln wie ein Pinguin, springen wie ein Känguru, kriechen wie eine Schlange, hüpfen wie ein Frosch – jedes Tier bewegt sich anders, was Kinder gerne nachahmen. Dabei können komplexe Spielhandlungen entstehen, bei denen sie ihre körperlichen Fähigkeiten und Ausdrucksformen auf vielfältige Weise erproben. Darüber hinaus entstehen aber auch Spielszenen, die die Fantasie und Kreativität der Kinder herausfordern und die Aktivitäten in der Gruppe unterstützen.

Wenn Kinder in die Rolle von Tieren schlüpfen, ist dies meist mit dem Erproben unterschiedlicher Bewegungsgrundformen verbunden, die Identifikation mit neuen Rollen ermöglich darüber hinaus die Übernahme von Verhaltensweisen, die sich das Kind im Alltag vielleicht nicht zutrauen würde. Aber auch stimmliche Experimente und lautliche Spontanäußerungen sind mit den Tierrollen verbunden: schreien, quieken, jauchzen, knurren, fauchen, bellen … – die Modulationsfähigkeit der eigenen Stimme kann hier in hervorragender Weise geübt werden.

Die Spielsituationen werden von Kindern grundsätzlich ganzheitlich erlebt, sie geben dem Spiel einen eigenen Sinn. So üben und variieren sie zwar grundlegende Bewegungsfähigkeiten wie Gleichgewicht, Geschicklichkeit und Koordination, sie setzen dabei jedoch auch ihre Sprache ein, indem sie Tierlaute nachahmen und sich über die „Sprache" des Tieres erkennbar machen. Sie ahmen Gesehenes nach oder erfinden neue Bewegungsmöglichkeiten, nehmen über die Bewegung Kontakt zu anderen Kindern (Tieren) auf und setzen sich mit ihnen auf spielerische Weise auseinander. Im Spiel kann man angreifen und sich verteidigen, kann siegen und unterliegen, kann nachgeben und sich durchsetzen – ohne dass dies „ernsthafte" Folgen hat.

Der starke Löwe, das wilde, ungezähmte Pferd, das Hilfe suchende Affenbaby – es ist kein Zufall, welche Rollen sich Kinder im Spiel aussuchen, mit welchem Tier sie sich identifizieren. Der Schutz der Rolle ermöglicht ihnen Verhaltensweisen, die sie sich in der Realität unter Umständen nicht zutrauen, er ermöglicht ihnen aber auch, belastende Ereignisse nachzuspielen und damit die hier gemachten Erfahrungen zu verarbeiten.

Die folgenden Spielvorschläge geben zwar Tierrollen vor, sie lassen aber auch individuelle Interpretationen zu. Die Beispiele können durch eigene, für die jeweilige Gruppe bedeutsame Tierrollen und Spielvariationen ergänzt werden. Bei dem Spiel „Die Arche Noah" lernen Kinder zu beobachten und ihre Aufmerksamkeit nicht nur auf sich selbst zu richten, sondern auch andere Mitspieler in ihren Verhaltensweisen wahrzunehmen. Wie sieht das Tier aus der Perspektive des anderen aus, wie wirkt man selbst vom Standpunkt des anderen? Sind die Bewegungsmerkmale des Tieres, dessen Rolle man übernommen hat, auch zu erkennen und richtig einzuordnen? Was will der andere mit seinen Bewegungen und Verhaltensweisen darstellen?

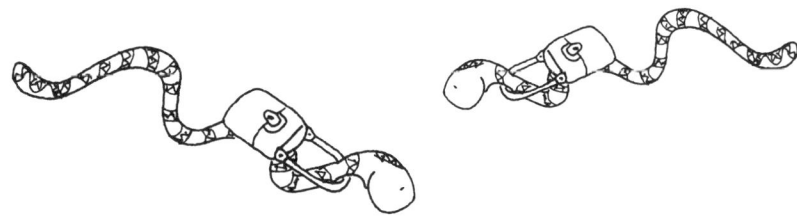

Die Geschichte von der Arche Noah

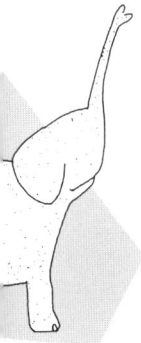

Als Spielrahmen dient die biblische Geschichte von Noah und seiner Arche. Zunächst wird den Kindern die Geschichte von Noah erzählt:

Gott war ärgerlich über die bösen Taten der Menschen und er fasste den Entschluss, das Menschengeschlecht auszurotten. Retten wollte er aber Noah, einen guten Mann, der ein redliches Leben führte. Er sagte Noah, dass eine große Flut bevorstehe. Er solle eine Arche – ein großes Schiff mit drei Stockwerken und einem festen Dach – bauen, für sich, seine Familie und die Tiere. Von allen Tieren, die auf dem Lande lebten, solle er ein Paar mitnehmen. Es regnete und regnete, das Wasser stieg an. Ringsum wurde alles überschwemmt. Doch die Arche wurde vom Wasser getragen und schwamm ruhig dahin. In der Arche waren große und kleine Tiere, wilde und zahme. Nach vielen Tagen ging die Flut zurück, die Arche landete auf einem Berg und bald konnten Noah und die Tiere das Schiff verlassen. Ein großer Regenbogen war am Himmel zu sehen.

Diese biblische Geschichte kann den Kindern auch als Reimgeschichte erzählt werden:

Gott sprach zu Noah: Es kommt ein großer Regen!
Baue eine Arche, du musst dich bewegen!
Baue sie geräumig, solide, gut vermessen!
Und wenn die Flut kommt: Die Tiere nicht vergessen!

Noah sprach dankbar: Gesegnet seist Du!
Ich nehme die Ziege mit und die Kuh,
die Katze, den Hund in jedem Falle.
Da donnerte Gott: Ich meine sie alle!

Noah sprach: Schlange und Fledermaus?
Giraffe, Motte und Haselmaus?
Stinktier, Kaninchen und Ameisenbär?
Mein Gott, du machst es mir wirklich schwer!

Ich hör' schon den Löwen, ich seh' schon den Hasen
im Zickzack durch die Arche rasen.
Ein Tohuwabohu mit Lärmen und Schrein.
Da kann ich ganz einfach kein Mensch mehr sein.

Gott sprach: Ohne Tiere bist du allein.
Dann kannst du erst recht kein Mensch mehr sein.
Du konntest ohne die Tiere auf Erden
nie und nimmer zum Menschen werden.

Du hast dich zwar von den Tieren entfernt,
doch gleichzeitig hast du von ihnen gelernt.
Vom Löwen den Mut, vom Biber das Bauen,
vom Affen das Klettern, vom Adler das Schauen.

DIE GESCHICHTE VON DER ARCHE NOAH

Drum rette dich und rette sie!
Sonst seht ihr beide kein Land mehr, nie!
Hol alle in deine Arche hinein!
Die Sintflut wird kommen, mach schnell
und steig ein!

Die Flut kam gewaltig. Noah nahm alle mit.
Keiner weiß heute, was er erlitt,
doch stoppte der Regen. Der Himmel war heiter,
Noah dankte und das Leben ging weiter.

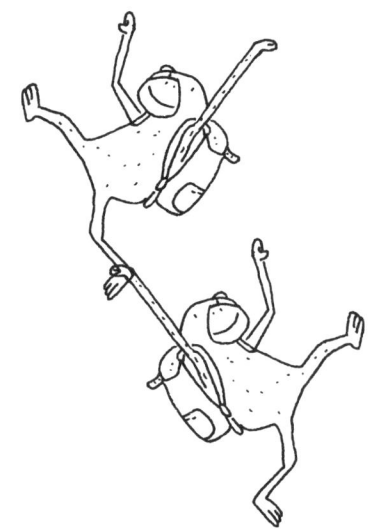

Spielszene: Die Sprache der Tiere

Die Geschichte Noahs gibt den Anlass für eine komplexe Spielszene, die durch einfache Spiel- und Bewegungsaufgaben aufgebaut werden kann.

Tierpartner finden

Ähnlich wie beim Bilderlotto werden auf jeweils zwei kleine Kärtchen zwei gleiche Tiere aufgezeichnet (oder Bilder von Tieren aufgeklebt) – für ältere Kinder können auch die Tierbezeichnungen aufgeschrieben werden. Dabei sollten die Tiere so ausgewählt werden, dass die sich durch typische Bewegungsformen auszeichnen: z. B.:

- Affe
- Möwe
- Tiger
- Pferd
- Frosch
- Hund
- Wildschwein
- Elefant
- Flamingo
- Pinguin etc.

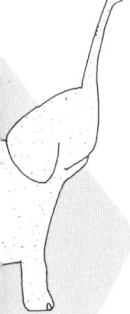

Für jedes Kind der Gruppe sollte ein Kärtchen vorhanden sein. Ist die Anzahl der Kinder in der Gruppe ungerade, ist eine Tiergattung dreimal vorhanden (Tierfamilie: z. B. Froschvater, Froschmutter, Froschkind).

Jedes Kind zieht ein Kärtchen und stellt das darauf abgebildete Tier dar. Bevor es auf Noahs Arche mitgenommen werden kann, muss es seinen Partner finden. Die Tiere dürfen sich aber nur durch ihre Bewegungen, allenfalls noch durch Laute zu erkennen geben.

Sprechen ist nicht erlaubt – schließlich können sich die Tiere untereinander auch nur durch Laute wie grunzen, summen, quaken etc. verständlich machen. Wenn man nicht ganz sicher ist, ob der Partner, den man gefunden hat, auch der richtige ist, muss man ihn herausfordern und typische Verhaltensmerkmale oder äußerlich sichtbare Kennzeichen finden und darstellen (beispielsweise haben Schnecken am Kopf Fühler, die mit den Händen dargestellt werden).

Wenn sich alle Paare (und eventuell die Tierfamilie) gefunden haben, beginnt der „Einzug" in das Schiff.

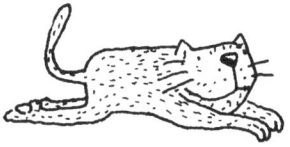 

Tierpaare erkennen

Ein Steg (z. B. eine Mattenbahn) wird aufgebaut, um den die anderen Mitspieler herumsitzen. Jeweils ein Tierpärchen bewegt sich darauf und stellt typische Bewegungs- und Verhaltensmerkmale dar. Es kann erst dann auf die Arche mitgenommen werden, wenn die anderen Tiere erraten haben, um welche Art es sich dabei handelt (Noah muss eine Passagierliste anfertigen und will sicher gehen, dass auch wirklich immer zwei Tiere von jeder Art da sind!).

Das jeweilige Paar muss so lange seine typischen Bewegungs- und Verhaltensmerkmale zeigen, bis es richtig erkannt worden ist.

Bei einer Spielvariation können die Kinder auch zu zweit eigene Tiere erfinden und darstellen. So müssen sie darüber nachdenken, welche Tiere an ihren Bewegungen zwar gut, aber nicht zu einfach zu erkennen sind.

Diese Spielidee leitet zu dem Lied „Die Arche Noah" über.

 Spiellied

Die „Arche" ist eine große Matte oder ein auf dem Boden ausgebreitetes Schwungtuch. Zuerst werden die Tiere, die auf die Arche wollen, von allen Kindern dargestellt. Dabei ist es wichtig, dass die Kinder selbst die typischen Bewegungsmerkmale herausfinden.

- Die Biene: Wie bewegt sie sich, welche Geräusche macht sie? Wodurch ist sie von anderen fliegenden Insekten zu unterscheiden?
- Die Schlange: Hat sie Füße, hat sie Hände? Wie kommt die am Boden liegende Schlange voran? Wie kann man sie in Bewegung darstellen?
- Der Pinguin: Alle Kinder kennen den typischen Pinguingang: Watschelnd, dabei die Arme als Flügel zur Seite ausstrecken.
- Der Breitmaulfrosch: Er hüpft und springt, er quakt und quakt ...
- Der Bär: Er trottet schwerfällig, richtet sich zwischendurch einmal auf und hebt die „Tatzen", dabei sieht er gefährlich groß aus.
- Die Wildsau: Sie grunzt und schnaubt, läuft flink umher, hat meist die Nase auf dem Boden und wühlt in der Erde; manchmal suhlt sie sich in einer Schlammpfütze.
- Die Schnecke: Ganz langsam kommt die Schnecke beim Kriechen voran. Man erkennt sie vor allem an ihren Fühlern. Wenn sie auf ein Hindernis trifft, zieht sie sich eng zusammen, rollt sich ein und versteckt sich in ihrem Schneckenhaus.

Jedes Kind darf selbst aussuchen, zu welcher Gruppe es am liebsten gehören möchte. Allerdings sollten alle Tiere vertreten sein. Notfalls muss gelost werden. Zunächst hören sich alle Kinder das Lied an.
Anschließend wird das Lied nochmals gehört bzw. gesungen, die „Tiere", die im Text genannt werden, fliegen, hüpfen oder kriechen gemeinsam bis zu der großen Matte (der Arche Noah). Die schnellen Tiere können noch eine Runde durch den Raum drehen, die langsamen müssen darauf achten, dass sie nach Beendigung der Strophe auf der Matte angelangt sind. Sie setzen sich auf die Matte und warten auf die nächste Tiergruppe – bis alle auf der Matte versammelt sind. Eventuell schaffen sie es sogar, einen Kreis um die Matte herum zu bilden.

„Wer in die Arche Noah will“

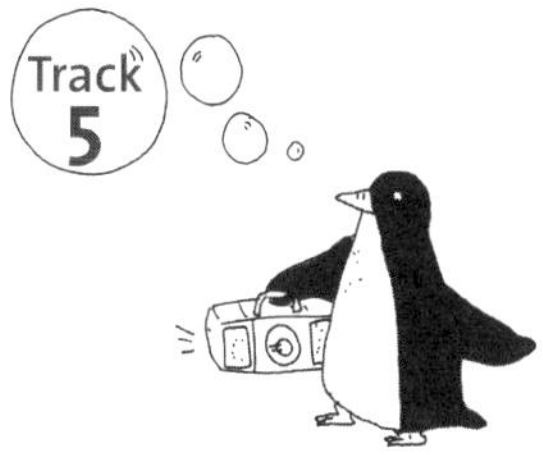
Track
5

Text: Fredrik Vahle, Renate Zimmer / Musik: Fredrik Vahle

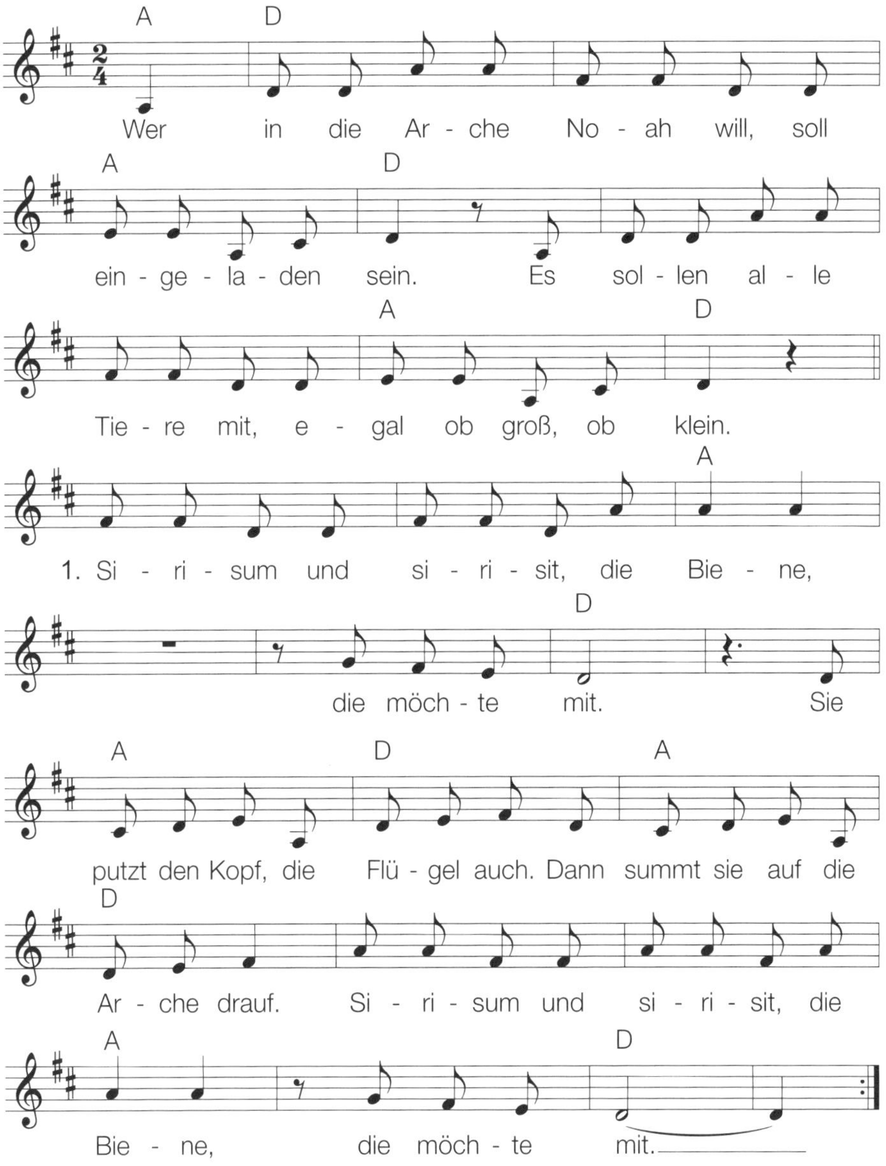
A D
Wer in die Ar - che No - ah will, soll
A D
ein - ge - la - den sein. Es sol - len al - le
A D
Tie - re mit, e - gal ob groß, ob klein.
A
1. Si - ri - sum und si - ri - sit, die Bie - ne,
D
die möch - te mit. Sie
A D A
putzt den Kopf, die Flü - gel auch. Dann summt sie auf die
D
Ar - che drauf. Si - ri - sum und si - ri - sit, die
A D
Bie - ne, die möch - te mit.

Refrain: Wer in die Arche Noah will,
soll eingeladen sein.
Es sollen alle Tiere mit,
egal, ob groß, ob klein.

Alle Tiere laufen, springen, fliegen um den „Steg“ herum.

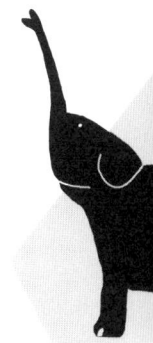

1. Sirisum und sirisit,
   die Biene, die möchte mit.
   Sie putzt den Kopf, die Flügel auch,
   dann summt sie auf die Arche
   drauf.
   Sirisum und sirisit,
   die Biene – ssssit – die möchte mit.

Die Bienen „putzen" sich und setzen sich auf die Matte.

Refrain: Wer in die Arche Noah will …

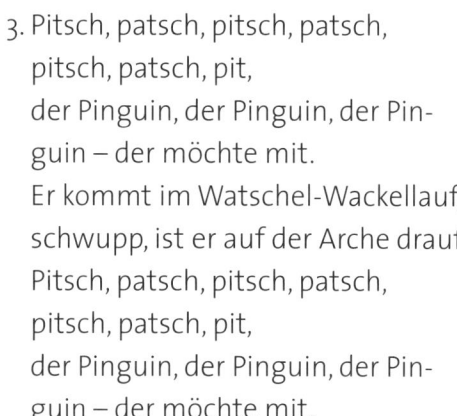

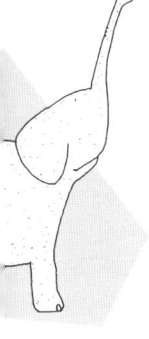

2. Schlingeling und schlingelitt,
   die Schlange, die möchte mit.
   Hat keinen Fuß und keine Hand
   und schlängelt sich durch Gras
   und Sand.
   Schlingeling und schlingelitt,
   die Schlange, die möchte mit.

Die Schlangen liegen auf dem Boden und bewegen sich langsam voran.

Refrain: Wer in die Arche Noah will …

3. Pitsch, patsch, pitsch, patsch,
   pitsch, patsch, pit,
   der Pinguin, der Pinguin, der Pinguin – der möchte mit.
   Er kommt im Watschel-Wackellauf,
   schwupp, ist er auf der Arche drauf.
   Pitsch, patsch, pitsch, patsch,
   pitsch, patsch, pit,
   der Pinguin, der Pinguin, der Pinguin – der möchte mit.

Die Pinguine watscheln über den Steg; mit einem großen Satz springen sie auf die Matte.

Refrain: Wer in die Arche Noah will …

ZWISCHEN ANGST UND FASZINATION

4. Huddihupp und hippendipp,
   der Breitmaulfrosch – quak quak –
   der möchte mit.
   Er hüpft heran und fühlt sich stark,
   macht's Maul auf und sagt kräftig:
   Qaaak!
   Huddihupp und hippendipp,
   der Breitmaulfrosch – quak quak –
   der möchte mit.

Die Frösche hüpfen und springen auf allen Vieren; sie quaken und können auch auf der Matte nicht ruhig sitzen bleiben.

Refrain: Wer in die Arche Noah will …

5. Zotteltrott und Tatzentritt,
   na wer? Der Bär, der möchte mit.
   Er tappt auf Bärentatzen los,
   richtet sich auf – was ist er groß!
   Zotteltrott und Tatzentritt,
   na wer? Der Bär, der möchte mit.

Die Bären trotten herein, richten sich zwischendurch immer wieder auf und zeigen ihre Bärentatzen.

Refrain: Wer in die Arche Noah will …

6. Trampeltrott und Trippeltritt,
   die Wildsau, die möchte mit.
   Sie quiekt und grunzt,
   mal hoch, mal tief,
   und wühlt im Wald,
   der Wald steht schief.
   Trampeltrott und Trippeltritt,
   die Wildsau, die möchte mit.

Die Wildsäue kommen angerannt, sie grunzen und schnauben, haben ihre Nasen auf dem Boden und schnüffeln herum.

Refrain: Wer in die Arche Noah will …

SPIELLIED **65**

7. Gleite sanft, ganz ohne Tritt –
die Schnecke, die möchte mit.
Sie streckt die Fühleraugen aus,
hat alles mit, sogar ihr Haus.
Gleite sanft, ganz ohne Tritt –
die Schnecke, die möchte mit.

Die Schnecken kommen fast nicht vom Fleck. Mit ausgestreckten Fühlern kriechen sie auf die Matte zu.

Nach der Melodie des Refrains:

Jetzt sind sie alle, alle da,
wer hätte das gedacht?
Und haben zusammen einen Kreis
ganz rundherum gemacht.

Alle Tiere setzen sich im Kreis um die Matte.

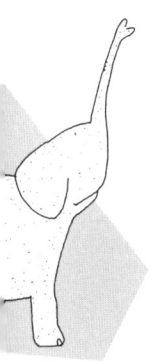

6 SYMBOL- UND ROLLENSPIELE 2

Ping Pong Pinguin

Bedeutung für die kindliche Entwicklung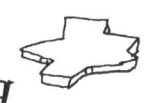

Ein Tier ganz besonderer Art ist der Pinguin. Fast jedes Kind kann sich einen Pinguin vorstellen. Auch wenn die meisten Kinder Pinguine nur aus dem Fernsehen kennen oder in Bilderbüchern gesehen haben, weiß sicher das eine oder andere Kind, wie sie sich bewegen: mit watschelndem Gang, die Arme zur Seite gestreckt – so ahmen sie den typischen Pinguingang nach. Wenn Kinder in der Gruppe sind, die etwas schwerfälliger in ihren Bewegungen sind, macht das gar nichts, denn auch Pinguine bewegen sich schwerfällig.

Um Kindern die Figur des Pinguins näher zu bringen, sie mit seiner besonderen Lebensweise vertraut zu machen, kann es hilfreich sein, ihnen Sachinformationen, die natürlich in einer kindgemäßen Form aufgearbeitet werden müssen, zu geben.
Aus diesen Informationen über die Lebensart der Pinguine können sich dann auch neue Spielideen entwickeln.

Wissenswertes über Pinguine

Es gibt viele verschiedene Pinguinarten. Die größte und bekannteste Art ist der Kaiserpinguin. Er lebt auf dem Packeis der Antarktis bei Temperaturen bis zu -20° C.
Wenn der Pinguin über das Eis watschelt und mit den „Flügeln" rudert, sieht er sehr komisch aus. Auf dem Land wirkt er ungelenk und plump, auf glatten eisigen Hängen aber legt er sich auf den Bauch und kann sehr geschickt „schlittern".

Obwohl er zur Gattung der Vögel gehört, kann er nicht fliegen. Im Wasser ist er dagegen sehr wendig und flink. Seine „Flügel" sind steif und paddelförmig. Unter Wasser kann er kräftig damit schlagen, so dass er beim Schwimmen schnell vorankommt.

Pinguine leben sehr gesellig. Sie treten immer in großen Kolonien und in Paaren auf. Um bei den niedrigen Temperaturen überleben zu können, besitzt der Kaiserpinguin ein dickes Federkleid mit einem Dutzend Federn pro Quadratzentimeter. Auch seine Körperform ist der eisigen Antarktis angepasst. Im Verhältnis zu seiner Körpergröße hat er nur eine kleine Oberfläche, so dass wenig Wärme nach außen verloren geht. Eine dicke, isolierende Speckschicht sorgt für eine Energiereserve. Um zusätzlich Wärme zu speichern, drängen sich die Pinguine eng in Gruppen aneinander.

Die Pinguine leben zu zweit. Im antarktischen Winter – zwischen Mai und Juni – legt das Pinguinweibchen ein einziges Ei. Die Eltern bauen kein Nest, weil es hierfür in der Antarktis so gut wie kein Material gibt. Um das Ei vor Kälte zu schützen, balancieren die Pinguineltern es auf dem Fuß und halten es so warm.

Dabei wechseln sich Pinguinmännchen und -weibchen ab. Jedes Mal, wenn die Eltern das Ei an den Partner übergeben, vollziehen sie ein Ritual, indem sie die Schnäbel nach unten halten und rufen. Das Weibchen kehrt danach zum Meer zurück und überlässt es dem Männchen, das Ei weiter auszubrüten. Das Männchen brütet etwa 40 bis 50 Tage lang. Es schützt das Ei vor der eisigen Kälte in einer Hautfalte, die von seinem Bauch hinunterhängt.
Das Weibchen kehrt kurz vor dem Ausschlüpfen des Jungen zurück. Es übernimmt die letzten Bruttage und beschützt das Pinguinküken dann etwa 40 Tage lang.

Im Gegensatz zu den schwerfälligeren Kaiser- und Königspinguinen ist der „Goldschopfpinguin" (er heißt so wegen eines Büschels goldgelber Federn über den Augen) kleiner und leichter und deswegen auch geschickter. Er hüpft über Eisfelder, Schnee und Felsen und schlittert auf dem Bauch über glatte Schneefelder.

Allen Pinguinen ist gemeinsam, dass sie nur ganz wenige Eier (eins bis maximal zwei) legen und ausbrüten. Sind die jungen Küken dann einige Wochen alt, schließen sie sich in Gruppen (einer Art Kindergarten) zusammen.

Spielideen für „kleine Pinguine"

Die Rolle des Pinguins kann zu vielfältigem Spielen animieren. Aus dem unbeholfen scheinenden, watschelnden Pinguin wird ein fliegender, schwimmender, tanzender Riesenvogel, der die Kinder zu Kreis-, Tanz- und Rollenspielen einlädt.

Eisschlittern

Auf dem ewigen Eis, wo die Pinguine leben, rutschen die Pinguinkinder oft aus, wenn sie ihre ersten Gehversuche machen. Also heißt es erst einmal Rutschen und Schlittern üben. Die Kinder ahmen dies nach – mit einem Staubtuch unter den Füßen oder auf Socken. Der Gruppenraum oder der Flur werden zu einer großen Eisfläche, auf der gerutscht und geschlittert werden darf.

Eierlaufen

Im Pinguinkindergarten spielen die Pinguine Eiertransport – so wie es ihre Eltern mit den richtigen Eiern machen: Auf einem Löffel wird ein Ei (ein Gipsei) transportiert. Als besondere Schwierigkeit versuchen sie, damit eine Hindernisbahn zu überwinden.

Eisschollenspringen

Auf einer Eisscholle balancieren, von Scholle zu Scholle springen, das sind Kunststücke, für die man viel Geschicklichkeit und Gefühl für das Gleichgewicht braucht. Dies üben die Pinguinkinder.

Aus Bierdeckeln oder Teppichfliesen wird auf dem Boden eine Balancierstrecke gelegt; sie stellen die Eisschollen dar, über die die Pinguine zu balancieren versuchen. Ziel ist es, den ganzen Raum zu durchqueren, ohne einmal ins „Wasser" gefallen zu sein.

Balancier-Kunststücke

Leichter als ein Ei ist ein Sandsäckchen zu transportieren und zu balancieren. Es rollt nicht so leicht weg, deswegen werden die Kunststücke der Kinder auch waghalsiger. Sie sollen versuchen,
- das Sandsäckchen auf dem Fuß zu balancieren,
- das Sandsäckchen von einem Kind an ein anderes weiterzugeben – möglichst ohne dass das Säckchen auf den Boden fällt,
- das Sandsäckchen zu einem anderen Ort zu tragen (das Ei soll zu einem besseren Nistplatz gebracht werden),
- das Sandsäckchen mit den Füßen hoch in die Luft zu werfen und es mit den Händen aufzufangen.

Ich bin der Kaiser

Ein Kind spielt den Kaiserpinguin. Es hat einen Hut oder einen Tennisring, den es sich als Krone aufsetzt.

Der Kaiserpinguin darf angeben, in welcher Form sich alle anderen Pinguine bewegen. Er spricht dazu: „Ich bin der Kaiser und in meinem Kaiserreich springen alle Pinguine auf einem Bein." Alle Mitspieler müssen nun diese

Bewegungsform so lange ausführen, bis der Kaiserpinguin seine Krone an einen anderen weitergibt. Damit übernimmt dieser die Kaiserrolle und denkt sich eine neue Bewegungsform aus, z.B.:

- auf allen Vieren kriechen,
- rückwärts gehen,
- wie ein Hampelmann springen,
- ganz schnell rennen,
- ganz leise schleichen.

Spiellied

Selbst ein schwerfälliger Pinguin kann tanzen lernen. Wie das geht, zeigt das folgende Lied.
Die Kinder hören das Lied vom Pinguin, der seine Füße entdeckt und nun nicht mehr watschelt und daherschlurft, sondern sogar schweben und tanzen kann. Am besten kann der Pinguin seine Füße spüren, wenn er barfuß ist.

„Ping Pong Pinguin"

Text und Musik: Fredrik Vahle

1. Ping Pong Pinguin,
   ich watschle durch die Welt.
   Ping Pong Pinguin,
   weil mir das so gefällt.

Die Pinguine watscheln auf der Stelle, treten von einem Fuß auf den anderen, dabei breiten sie ihre „Flügel" aus (die Arme hängen lassen und die Hände angewinkelt seitwärts halten).

2. Ping Pong Pinguin,
   ich schlurfe so dahin.
   Ping Pong Pinguin,
   weil ich so traurig bin.

Die Pinguine schlurfen durch den Raum; sie kriegen ihre Füße kaum vom Boden hoch.

3. Ping Pong Pinguin,
   ich spüre meine Zehn.
   Ping Pong Pinguin,
   jetzt kann ich besser gehn.

Jetzt beginnen die Pinguine beim Gehen auf ihre Füße zu achten, sanft setzen sie sie auf der Erde auf und erfühlen dabei mit den Fußsohlen den Boden.

4. Ping Pong Pinguin,
   ich schwebe fast dahin.
   Ping Pong Pinguin,
   wie eine Königin.

Sie breiten die Arme aus und fangen an zu „schweben".

5. Ping Pong Pinguin,
   wer hätte das gedacht.
   Ping Pong Pinguin,
   die Füße sind erwacht.

Die Pinguine schaffen es, zu springen.

6. Ping Pong Pinguin,
   jetzt kann ich sie verstehn.
   Ping Pong Pinguin,
   sie wollen tanzen gehn.

Zum Schluss drehen sie sich im Kreise um die eigene Achse.

ZWISCHEN ANGST UND FASZINATION

Variation

Das Lied kann auch in Kreisaufstellung getanzt werden.

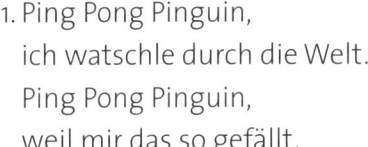

1. Ping Pong Pinguin,
   ich watschle durch die Welt.
   Ping Pong Pinguin,
   weil mir das so gefällt.

Die Kinder stehen auf der Kreislinie und „watscheln" auf der Stelle.

2. Ping Pong, Pinguin,
   ich schlurfe so dahin.
   Ping Pong Pinguin,
   weil ich so traurig bin.

Alle gehen auf der Kreislinie seitwärts (evtl. übertriebenes „Schlurfen").

3. Ping Pong Pinguin,
   ich spüre meine Zehn.
   Ping Pong Pinguin,
   jetzt kann ich besser gehn.

Alle gehen vorwärts in die Mitte des Kreises.

4. Ping Pong Pinguin,
   ich schwebe fast dahin.
   Ping Pong Pinguin,
   wie eine Königin.

Alle breiten die Arme aus und hüpfen seitwärts auf der Kreislinie.

5. Ping Pong Pinguin,
   wer hätte das gedacht.
   Ping Pong Pinguin,
   die Füße sind erwacht.

Alle drehen sich um die eigene Achse.

6. Ping Pong Pinguin,
   jetzt kann ich sie verstehn.
   Ping Pong Pinguin,
   sie wollen tanzen gehn.

Jeweils zwei Kinder fassen sich an den Händen und drehen sich gemeinsam.

SPIELLIED

Ein kleiner Ping Pong Pinguin

Das folgende Lied kann zur Melodie des Pinguinliedes auf Seite 73 gesungen werden. Ein Kind beginnt, den Pinguin zu imitieren und die angegebenen Bewegungen auszuführen, während die anderen Kinder singen. Bei der zweiten Strophe kommen weitere Kinder dazu, ebenso bei der dritten, so dass zum Schluss alle mitmachen.

1. Ein kleiner Ping Pong Pinguin
    rief: Schaut mich alle an,
    weil ich als Ping Pong Pinguin
    schon sehr gut watscheln kann.

2. Ein kleiner Ping Pong Pinguin,
    tat sich bedächtig wiegen.
    Ein kleiner Ping Pong Pinguin,
    der wollte auch mal fliegen.

3. Ein kleiner Ping Pong Pinguin
    nahm Anlauf, sauste los,
    und platsch, fiel er ins Wasser rein,
    sein Schreck war riesengroß.

4. Ein kleiner Ping Pong Pinguin,
    ist einfach drin geblieben.
    Ein kleiner Ping Pong Pinguin,
    konnt' unter Wasser fliegen.

5. Ein kleiner Ping Pong Pinguin
    tat gar nichts andres brauchen.
    Er wackelt mit den Flügeln
    und konnte sehr tief tauchen.

6. Ein kleiner Ping Pong Pinguin
    sprang wieder raus, und dann,
    dann rief er: „Gell, da staunt ihr sehr,
    was ich schon alles kann!"

Der Pinguin-Song

In dem folgenden Lied, das ebenfalls nach der Melodie des Pinguinlieds von S. 73 gesungen werden kann, werden verschiedene Fortbewegungsformen wie gleiten, hüpfen, „watscheln" erprobt. Dies kann in freier Aufstellung mit improvisierten Bewegungen erfolgen, es kann jedoch auch eine kleine Tanzform daraus entstehen; dabei stellen sich die Kinder im Kreis auf und führen die Bewegungen in der wie folgt beschriebenen Art aus.

1. Pinguine watscheln, watscheln
   hier herum im Kreis.
   Pinguine watscheln, watscheln,
   watscheln über's Eis.

   Die Kinder stehen im Kreis. Mit herabhängenden Armen und abgewinkelten Händen von einem Fuß auf den anderen treten.

2. Pinguine hüpfen, hüpfen
   hier herum im Kreis.
   Pinguine hüpfen, hüpfen,
   hüpfen über's Eis.

   Im Seitgalopp nach rechts hüpfen.

SPIELLIED

3. Pinguine gleiten, gleiten
   hier herum im Kreis.
   Pinguine gleiten, gleiten,
   gleiten über's Eis.

Tiefes, gleitendes Gehen, dabei die Füße kaum vom Boden heben.

4. Pinguine stehen, stehen,
   stehen auch mal still.
   Wackeln mit den Flügeln,
   weil keiner frieren will.

Stehen bleiben und die seitwärts abgewinkelten Arme hin und her bewegen.

5. Pinguine hopsen, hopsen,
   hopsen Seit' an Seit'.
   Hopsen schnell im Kreis herum,
   kriegen manchmal Streit

Schnelles Hüpfen seitwärts auf der Kreislinie.

6. Pinguine nehmen, nehmen
   sich jetzt bei der Hand.
   Watscheln nun zu zweit umher,
   machen sich bekannt.

Jeweils zwei Kinder fassen sich an den Händen, „watscheln" zu zweit durch den Raum.

"7" KÖRPER-KOORDINATION UND GESCHICKLICHKEIT

Bedeutung für die kindliche Entwicklung

Kommt ein Zirkus ins Dorf oder in die Stadt, ist er ein beliebtes Ausflugsziel von Familien mit Kindern. Auch wenn im Fernsehen regelmäßig perfekte Zirkusshows zu sehen sind, herrscht in einem echten Zirkus doch eine weitaus intensivere Spannung. Der Geruch der Tiere, das Zirkuszelt, die bunten Kostüme der Artisten und die mitreißende Musik vermitteln eine ganz besondere Atmosphäre. Noch Wochen später spielen die Kinder nach, was sie im Zirkus erlebt haben. Ein solcher situativer Anlass kann den Anstoß für ein Projekt geben, bei dem über einen längeren Zeitraum hinweg der Schwerpunkt der Kindergartenarbeit auf Aktivitäten rund um den Zirkus gelegt wird. Auch ohne ein solches konkretes Ereignis können über Bilderbücher oder Fotos Erinnerungen an einen Zirkus geweckt und die Fantasie beflügelt werden.

Kaum eine andere Spielsituation ist so komplex und ermöglicht so unterschiedliche Rollen wie das Spiel der Artisten, Clowns, Zirkusdirektoren, Raubtierdompteure etc. Den Höhepunkt und Abschluss des Projektes kann die Inszenierung einer Zirkusvorstellung sein, bei der alle Kinder mit unterschiedlichen Aufgaben einbezogen sind.

Bereits bei der Vorbereitung einer Zirkusvorstellung müssen Schilder gemalt, eine Manege gebaut, Zirkusrequisiten zusammengetragen werden. Bei der Aufführung werden viele Helfer gebraucht: Neben den Akteuren gehören dazu auch Ansager, Zirkusdirektoren, Kassierer. Die Clowns müssen geschminkt, die Zirkuskulissen verändert werden. Ein „Orchester" mit Trommel oder Tamburin kann die einzelnen Auftritte einleiten oder abschließen. So kann für jedes Kind eine passende Rolle gefunden werden, nicht alle müssen als aktive Artisten auftreten. Auch weniger mutige und motorisch weniger geschickte Kinder finden so eine wichtige Aufgabe und können an der Aufführung mitwirken.

Sprachliches und körperliches Ausdrucksvermögen, motorische Geschicklichkeit, Fantasie, Konzentration und soziale Anpassung werden durch das Zirkusspiel, das immer auf die Zusammenarbeit in der Gruppe angewiesen ist, gefördert. Die Zirkusauftritte können die Selbstsicherheit und das Vertrauen in die eigenen Fähigkeiten stärken.

# Spielideen für Clowns und Artisten

Welches Kind war schon einmal in einem Zirkus und kann erzählen, was es dort zu sehen und zu erleben gibt?

Kinder erinnern sich meist an Tierauftritte, an die Clowns und die Akrobaten, wenn sie das Stichwort „Zirkus" hören.

Für das Zirkusspiel wird zunächst einmal Material bereitgestellt, mit dessen Hilfe einige Zirkusszenen ausprobiert und geübt werden: Tücher zum Jonglieren, ein dickes Tau zum Balancieren, ein Reifen, durch den ein Tiger springen kann, ein Hut für den Zirkusdirektor ... Die Kinder wählen selbst aus, welche Rollen sie übernehmen wollen. Die Erzieherin hilft bei der Auswahl der Rollen und Themen und gibt Anregungen, wie die Szenen gestaltet werden können. So kann sie gemeinsam mit den Kindern nach weiteren Zirkusutensilien suchen (beispielsweise einen Schirm für die Seiltänzer oder eine Matte für die Kunststücke der Clowns).

Sofern dies von den Kindern gewünscht wird, kann jeweils eine kleine Gruppe auch ein Kunststück vorstellen oder eine Zirkusnummer vorführen.

Folgende Zirkusszenen eignen sich gut für das improvisierte Zirkusspiel:

Tierdressur

Für Kinder sind Tiernummern am einfachsten darzustellen. Die Tiere haben typische Bewegungsformen, bereits mit wenig Material können typische Raubtierszenen oder Dompteurbeispiele erprobt werden.

Die Elefanten sind an ihrem Rüssel (mit dem Arm darstellen) und an ihrem schwerfälligen, stampfenden Gang zu erkennen. Sie heben ihre Rüssel, „trompeten" und stehen für kurze Zeit auf den Hinterbeinen. Trotz ihrer Schwerfälligkeit schaffen sie einige Kunststücke, wie z.B. auf einem Bein stehen oder sich im Kreise drehen.

Viel wendiger und schneller bewegen sich die Tiger. Sie schleichen leise und sehen ganz gefährlich aus: Sie fauchen und knurren, drohen mit ihren Tatzen. Bei einer Raubtiernummer balancieren sie über eine Bank und springen durch einen vom Dompteur gehaltenen Reifen.

Seiltänzer und Akrobaten

Die Drahtseilartisten üben auf einem am Boden liegenden Tau: Sie gehen vorwärts und rückwärts über das Seil, versuchen einen Durchgang mit geschlossenen Augen. Um das Gleichgewicht zu halten, tragen sie mit beiden Händen eine Stange waagerecht vor sich.

Balancieren kann man aber nicht nur auf Gegenständen, man kann auch die Gegenstände selbst im Gleichgewicht halten. So lassen sich Luftballons auf Papprollen oder Pappteller auf Stäben balancieren.

Clowns und Jongleure

In einer Zirkusvorstellung treten manchmal auch Menschen mit übernatürlichen Kräften auf. So z.B. ein starker Mann, der ein riesengroßes und schweres Gewicht (ein Besenstiel, an dessen Enden jeweils zwei Styroporkugeln stecken) hochstemmen kann. Die Kinder müssen durch ihre Mimik und Gestik ausdrücken, wie schwer das Gewicht scheinbar ist: Vor Kraft können sie kaum gehen. Sie zeigen ihre Muskeln und stemmen das imaginäre zentnerschwere Gewicht mit viel Stöhnen und Ächzen nach oben. Natürlich können die „stärksten Männer der Welt" auch von Mädchen gespielt werden.

Nicht so einfach zu spielen sind die Clowns. Motorische Ungeschicklichkeit will – sofern sie lustig wirken soll – geübt sein. Der Clown stolpert, fällt hin, schneidet Grimassen, ist tief traurig oder freut sich über die kleinsten Dinge.

Ein Clown wirkt auch durch sein Äußeres: Ein geschminktes Gesicht, Schuhe in Erwachsenengröße, eine Spielzeugtrompete gehören zu den wichtigen Utensilien, die die Übernahme der Rolle erleichtern.

Zu einer richtigen Zirkusvorstellung gehört auch ein Jongleur. Das Jonglieren mit Bällen oder Ringen ist für jüngere Kinder allerdings meist noch zu schwer, leichter ist das Werfen und Fangen von Chiffontüchern, die durch ihr geringes Gewicht lange in der Luft schweben und durch ihre bunten Farben dabei für die Akteure selbst, aber auch für die Zuschauer schön anzusehen sind.

Zu den verschiedenen Szenen können unterschiedliche Formen der musikalischen Begleitung gewählt werden: so bereitet z.B. ein Trommelwirbel die Zuschauer auf die Höhepunkte vor.

Zu einer Zirkusvorstellung gehört unbedingt eine Manege, die die Akteure von den Zuschauern trennt und den Raum für die Präsentation eingrenzt. So kann z.B. ein Teil des Gruppen- oder Bewegungsraumes mit Bänken, Hockern oder mit Schuhkartons abgeteilt werden.

Spiellied

Das folgende Spiellied beschreibt Szenen einer Zirkusvorstellung, die einerseits als Anregung für das freie Spielen der Kinder dienen können, andererseits kann das Lied aber auch den Rahmen für eine Aufführung vor Eltern oder anderen Kindergruppen bilden. Die einzelnen Szenen und Zirkusnummern werden von den Kindern eingeübt und dann vor dem Publikum präsentiert.

Zwischen den Strophen ist während des Refrains („Vorhang auf und Bühne frei …") genügend Zeit für den Wechsel der Gruppen.

„Zirkuslied"

Text: Fredrik Vahle, Renate Zimmer / Musik: Fredrik Vahle

Vorhang auf und Büh-ne frei, Ju-bel, Klatschen und Geschrei
Tä-te-rä-tä, tsching bumm, und dann ist die er-ste Nummer dran.
1. Die E-le-fan-ten trot-ten herein, dreh'n sich auf der Stel-le, so von ganz al-lein.
Steh'n auf ei-nem Bein jetzt, krie-gen viel Ap-plaus.
Die E-le-fan-ten trot-ten hi-naus.

Refrain: Vorhang auf und Bühne frei,
Jubel, Klatschen und Geschrei.
Täterätä, Tschingbumm und dann
ist die erste Nummer dran.

SPIELLIED

1. Die Elefanten trotten herein,
   dreh'n sich auf der Stelle
   so von ganz allein.
   Steh'n auf einem Bein jetzt,
   kriegen viel Applaus.
   Die Elefanten
   trotten hinaus.

*Die Gruppe der Elefanten trottet langsam und bedächtig herein.
Sie drehen sich um die eigene Achse, versuchen, auf einem Bein zu stehen und gehen wieder hinaus.*

Refrain: Vorhang auf ...

2. Kommen die Tiger fauchend herein,
   drohen mit den Tatzen,
   knurren, fauchen, schrein.
   Springen übers Feuer,
   kriegen viel Applaus.
   Die wilden Tiger
   schreiten hinaus.

*Die Tiger kommen in die Manege.
Dabei fauchen und knurren sie und machen ein „gefährlich" aussehendes Gesicht.*

*Sie schleichen behände und springen über einen auf dem Boden liegenden Hügel roter Tücher (das Feuer).
Majestätisch schreiten sie wieder hinaus.*

Refrain: Vorhang auf ...

3. Dann kommen die Alonsos,
   so stark wie tausend Mann,
   weil jeder von den Kerlen
   Ketten sprengen kann.
   Sie stemmen dreizehn Zentner,
   kriegen viel Applaus.
   Sie zeigen ihre Muskeln,
   gehn schwergewichtig raus.

*Die starken Männer treten herein. Sie lassen ihre Muskeln spielen, zeigen ihre Armmuskulatur.
Sie tun so, als ob sie ein schweres Gewicht hochstemmen und schaffen es schließlich nach mehreren Versuchen, das Gewicht nach oben zu drücken. Breitbeinig und kraftstrotzend verlassen sie die Manege.*

Refrain: Vorhang auf ...

4. Dann kommen die Pferde,
   trap di trap di trap,
   schütteln ihre Mähnen,
   laufen im Galopp,
   dreh'n sich um sich selber,
   kriegen viel Applaus,
   traben die Pferde
   wieder hinaus.

Die Pferde traben herein. Sie bäumen sich auf und schütteln ihre Mähnen, drehen sich um die eigene Achse und traben wieder hinaus.

Refrain: Vorhang auf ...

5. Jetzt kommt Martha Flic Flac,
   mit dem Zauberhut,
   aus dem sie Hokuspokus
   zwei Tücher zaubern tut.
   Macht bunte Luftfiguren
   und kriegt viel Applaus.
   Sie macht einen Knicks,
   dann wirbelt sie hinaus.

Eine Zauberin tritt auf mit einem großen schwarzen Hut. Aus ihm zieht sie zwei Chiffontücher und bewegt sie mit großen Schwüngen auf und ab. Die Zauberin verabschiedet sich mit einem tiefen Knicks.

Refrain: Vorhang auf ...

6. Schau nur, schau, was ist das?
   Da wird ein Seil gespannt,
   darauf tanzt Dolores
   schön und elegant.
   Spannt jetzt einen Schirm auf
   und kriegt viel Applaus.
   Sie verneigt sich lächelnd,
   dann tänzelt sie hinaus.

Eine Artistin balanciert auf einem auf dem Boden liegenden Seil. Sie spannt einen Schirm auf und benutzt ihn zum Ausbalancieren des Gleichgewichts.

Refrain: Vorhang auf und Bühne frei,
Jubel, Klatschen und Geschrei.
Täterätä, tsching bumm und dann
ist die letzte Nummer dran!

SPIELLIED

7. Kommen die Clowns,
    die machen lange Nasen,
    watscheln wie ein Pinguin,
    hüpfen wie die Hasen.
    Können balancieren
    auf dem Wäscheseil.
    Kriegen viel Applaus,
    landen auf dem Hinterteil.

Die Clowns hüpfen bzw. watscheln in die Manege. Sie legen eine Wäscheleine auf den Boden und versuchen, auf ihr zu balancieren. Immer wieder verlieren sie dabei das Gleichgewicht und fallen hin.

Refrain: Jubel, Klatschen und Geschrei
alle waren mit dabei.
Tätärätä und viel Applaus.
Vorhang zu. Das Spiel ist aus.

Alle Akteure kommen noch einmal in die Zirkusmanege und verneigen sich vor dem Publikum.

ZWISCHEN ANGST UND FASZINATION

8 Konzentration und Körperwahrnehmung

Auf dem Indianerpfad

Bedeutung für die kindliche Entwicklung

Einmal richtig Indianer sein – nicht nur als Indianer verkleidet herumlaufen wie im Karneval, sondern richtig Indianer spielen: mit Indianerzelten, mit Lagerfeuer, mit Spurensuche, mit Kriegstanz und einem Totempfahl und was sonst noch dazugehört.

Das Thema „Indianer" interessiert Kinder meist längerfristig, es eignet sich deswegen gut für ein Projekt.

So kann mit den Kindern gemeinsam überlegt werden, wie und wo die Indianer leben, welche Namen sie haben, wie sie sich zwischen verschiedenen Indianerstämmen verständigen, welche Schriftzeichen sie haben und welche Feste sie feiern.

Die Lebensweise der Indianer kann Kindern intensive sinnliche Erfahrungen vermitteln: Trommeltänze, Spurensuche, sich im Dunkeln orientieren, Rauchzeichen erkennen – dies alles trägt zur Differenzierung der Wahrnehmung bei.

Indianerfüße schleichen, spüren, fühlen

Indianer sitzen auf der Erde, sitzen ums Feuer, schlafen auf der Erde. Sie brauchen dazu keine Stühle, keine Bänke, kein Sofa und keinen Sessel. Wenn sie von der Erde aufstehen und auf der Erde gehen, haben sie Schuhe, die ihre Füße schützen und mit denen sie trotzdem den Boden spüren können. Diese Schuhe sind wie eine zweite Haut, man nennt sie Mokassins.

In diesen Schuhen können sie ihre Füße geschmeidig aufsetzen.

Mit ihren Füßen fühlen die Indianer die Erde. Ist da Sand, sumpfige Erde oder fester Boden? Liegen da Kiesel oder größere Steine, Zweige oder Äste im Weg? Gerade in unwegsamem oder unbekanntem Gelände ist dieses Fühlen mit den Füßen sehr wichtig. Und natürlich auf der Jagd und bei Dunkelheit. Beim Schleichen kommt es darauf an, dass keine Geräusche entstehen und keine Spuren hinterlassen werden.

Die Teile des Fußes, die am besten fühlen können, sind die Zehen und der Ballen. Beim Schleichen setzt man die Zehen und den Ballen zuerst auf und rollt dann zur Ferse hin ab. Mit der ersten Strophe des folgenden Indianerliedes (S. 95) kann man den Fuß-Fühlgang der Indianer gut üben.

Auf dem Indianerpfad die Sinne wecken

Indianerspiele sind mit vielen Verkleidungen, Malaktionen, Musikimprovisationen, Bewegungs- und Tanzritualen verbunden. Als Einstieg ist sicherlich das Äußere der Indianer von Bedeutung: Der Kopfschmuck, die Kriegsbemalung, die Kleidung wecken das Interesse und führen dazu, dass Kinder sich in kurzer Zeit mit der Indianerrolle identifizieren.

Indianerkleidung

Wie sehen Indianer aus, was tragen sie als wichtigstes äußeres Zeichen? Stirnbänder werden hergestellt, indem z.B. ein buntes Chiffontuch um den Kopf gebunden oder ein Streifen aus Pappkarton bunt bemalt und mit einer Feder geschmückt wird. Viele bunte Wäscheklammern können an den Ärmeln eines T-Shirts befestigt werden.

Totempfähle

Große Papphröhren (aus dem Teppichboden Handel) werden mit Abtönfarben bemalt und als Totempfähle aufgestellt.

Indianernamen

Jedes Kind sucht sich einen Indianernamen aus: „Leise Wolke", „Kleiner Bär", „Rasender Pfeil"... – was passt zu mir, welchen Namen würde ich gerne tragen, wenn ich ein Indianerkind wäre?

Indianertänze

Trommeln selbst herstellen: Waschmitteltonnen bemalen, mit Plastikfolie oder mit Lederresten bespannen (mit Klebeband befestigen). Mit den Fingerkuppen oder mit der flachen Hand darauf trommeln. Zur Trommelbegleitung tanzen die Indianer.

Wie bewegen sich die Indianer?

Indianer müssen schleichen können – lautlos und vorsichtig, durch den Urwald und durch hohes Gras – niemand soll etwas hören! Um auf Bäume zu kommen, müssen die Indianer auch gut klettern können. Auch Balancieren ist wichtig, wenn sie z. B. über eine schmale Brücke einen Fluss überqueren sollen. Klettern, Balancieren kann man auch im Bewegungsraum üben.

Spurensuche

Im Freien „Spuren" auslegen (Federn, Stoffstücke, Kieselsteine einer bestimmten Sorte). Eine Gruppe legt die Spuren, die anderen versuchen, die Spuren zu finden und ihnen nachzugehen (zwei Indianerstämme – die „Roten Hosen" legen die Spuren aus, die die „Blauen Federn" finden müssen).

Sich im Dunkeln orientieren

Indianer haben kein elektrisches Licht und müssen sich daher auch im Dunkeln gut orientieren können. Also: Mit geschlossenen Augen von einem Partner durch den Raum geführt werden, sich orientieren: Wo befindest du dich jetzt? Durch Abtasten der Einrichtungsgegenstände zu erkennen versuchen, wo man sich befindet.

Indianerpfad

Ein Weg kann auch ohne Augenkontrolle zurückgelegt werden. So kann man einen Indianerpfad herstellen: Verschiedene Materialien auf dem Boden auslegen: Seile, Bierdeckel, Schaumstoffwürfel … Jedes Kind soll versuchen, mit geschlossenen Augen über den Weg zu gehen. Wenn kein „Geröll" mehr zu spüren ist (der Weg kann auch mit Seilen gekennzeichnet sein – Schlangen am Rande des Weges), ist der Weg zu Ende.

Indianer-Kim

Unter einem Tuch sind verschiedene Gegenstände versteckt, die die Indianerkinder aus dem Urwald mitgebracht haben: Tannenzapfen, Moos, Steine, Eicheln, Federn, Lederstücke. Mit geschlossenen Augen herausfinden, um welche Gegenstände es sich handelt.

Bachüberquerung
Auf dem Boden verteilt liegen Bierdeckel. Sie stellen Steine dar, auf denen man einen flachen Fluss überqueren kann. Alle versuchen, von einer Raumseite auf die andere zu kommen, ohne dabei den Boden zu berühren (trockenen Fußes den Fluss überqueren).

Den Häuptling wecken (Fangspiel)

Der Häuptling liegt auf dem Boden und „schläft". Die Indianerkinder versuchen, ihn mit einer Feder wach zu kitzeln. Sie schleichen sich so nah wie möglich an den Häuptling heran, ohne dass er etwas davon bemerkt.

Zelte bauen
Zelte werden aus Bettlaken gebaut. Sie bilden Rückzugsecken und Verstecke, dienen als Unterschlupf oder als Aufbewahrungsort für gesammelte Schätze. Richtige Indianerzelte (Tipis) kann man am leichtesten draußen aufbauen (aus langen, gegeneinander gesteckten Stangen ein Untergestell herstellen, das mit einem großen Tuch bedeckt wird).

Duftquellen finden
Indianer haben eine „gute" Nase. Auch das Riechen kann trainiert werden, zum Beispiel indem man übt, eine Duftquelle zu finden: An einer bestimmten Stelle des Raumes werden Räucherstäbchen oder eine Duftlampe aufgestellt. Die Kinder betreten nacheinander den Raum und versuchen „herauszuriechen", wo die Duftlampe steht. Wenn sie sie gefunden haben, setzen sie sich vorsichtig und leise daneben und warten, bis alle bei der Duftquelle angekommen sind.

Spiellied

Das folgende Lied kann in Gruppen gespielt werden: Eine Gruppe stellt die Indianer dar, die sich leise und lautlos bewegen, die andere Gruppe spielt die Büffelherde. Sie tritt allerdings nur in einem Teil des Liedes in Aktion.

Um Möglichkeiten zum Verstecken, Umherschleichen und Ausruhen zu geben, können im Raum verteilt Tische, Kästen, Matten aufgebaut werden. Sie bilden die in dem Lied besungenen Bäume und Büsche, hinter denen sich die Indianer verbergen oder das Lagerfeuer, um das die Indianer herumtanzen und an dem sie schließlich einschlafen.

„Indianerlied"

Text: Fredrik Vahle, Renate Zimme / Musik: Fredrik Vahle

1. Da knackt kein Ast,
   der Wald bleibt still,
   wenn die Indianer schleichen.
   Auf leisen Sohlen, Zehenspitz',
   woll'n sie ihr Ziel erreichen.

Die Gruppe der Indianer schleicht auf Zehenspitzen um im Raum aufgestellte Hindernisse.

Refrain: Ei ja hu, ei ja hu,
ei ja hu, a ei ja.

2. Sie sind ganz still
   und ducken sich
   in Winkeln und in Hecken.
   Sie sind so still wie Baum und Busch
   und luchsen um die Ecken.

Sich hinter den Hindernissen verstecken, sich beim Schleichen klein machen.

Refrain: Ei ja hu, ei ja hu …

ZWISCHEN ANGST UND FASZINATION

3. Dann kommen sie ins Grasland,
   sie spähen und sie lauschen.
   Sie hör'n den Rabenschrei im Wind,
   ein Donnern und ein Rauschen.

Spähen und Lauschen durch Gesten und Bewegungen andeuten.

Refrain: Ei ja hu, ei ja hu ...

4. Der weiße Büffel zieht durch's Land,
   sie hör'n schon seine Herde.
   Und tausend Hufe donnern laut,
   da bebt die ganze Erde.

Die Gruppe der Büffel läuft schnell und polternd an den Indianern vorbei.

Refrain: Ei ja hu, ei ja hu ...

5. Sie sind die Söhne der Prärie
   und sind so stolz und frei.
   Und da ertönt sehr laut und hell
   der Büffeljägerschrei.

Die Indianer kommen aus ihren Verstecken hervor, lassen einen lauten Jagdschrei ertönen.

Refrain: Ei ja hu, ei ja hu ...

6. Jetzt stehen sie, dann tippen sie
   ganz sachte mit den Zehen.
   Sie werden alle morgen früh
   den Weg des Jägers gehen.

Vorsichtig schleichen, indem die Füße mit den Ballen zuerst und dann erst mit der Ferse aufgesetzt werden.

Refrain: Ei ja hu, ei ja hu ...

Tip tap, tip tap, tip tap
tap tap tap.
Tip tap, tip tap, tip, tap
tapa tapa tap!

7. So tanzen sie den Büffeltanz
   herum ums Lagerfeuer
   und schwingen ihre Hände hoch
   und freu'n sich ungeheuer.

Die Indianer tanzen wild und ausgelassen ums Lagerfeuer (eine Matte o. Ä., die in der Mitte des Raumes ausgelegt ist).

Refrain: Ei ja hu, eja hu ...

SPIELLIED

8. Da knackt kein Ast,
   der Wald bleibt still,
   wenn die Indianer schleichen.
   Auf leisen Sohlen, Zehenspitz'
   woll'n sie ihr Ziel erreichen.

*Noch einmal schleichen die Indianer
in die dunkle Nacht ...*

Refrain: Ei ja hu, ei ja hu ...

9. Dann sitzen sie
   am Feuer still
   und lauschen in die Nacht
   und rollen sich zum Ausruh'n ein,
   haben kein Geräusch gemacht.

... und legen sich dann leise zum Ausruhen ans Lagerfeuer (auf die Matte).

Refrain: Ei ja hu, eja hu ...

REZEPTE GEGEN DIE LANGEWEILE

Das Montagsmonster

100   ZWISCHEN ANGST UND FASZINATION

Bedeutung für die kindliche Entwicklung

„Montags ist es am schlimmsten", berichten übereinstimmend Erzieherinnen und Lehrerinnen. Jede Woche aufs Neue erleben sie die Kinder in Kindergarten und Schule am Montagmorgen als besonders unausgeschlafen, unruhig, aggressiv. Übermäßiger Fernsehkonsum am Wochenende, lange Autofahrten, wenig Bewegung, Besuche bei Verwandten, bei denen man sich „gut benehmen" musste, Langeweile, weil die Eltern Ruhe brauchten. Elementare Bedürfnisse des Kindes, z. B. das nach Bewegung, nach Spiel, nach großräumigen Aktivitäten, geraten gerade am Wochenende in Konflikt mit den Erwartungen der Erwachsenen.

Dem Stress, der Reizüberflutung und dem Bewegungsmangel am Wochenende folgen Lautstärke, Bewegungsunruhe und Aggression am Montag. Sonntagsschäden machen sich am Montag bemerkbar. Die Probleme der Kinder und ihrer Familien am Sonntag werden zu Problemen der Erzieherinnen und Lehrerinnen am Montag.

Oft spielen die Kinder am Montagmorgen Fernsehserien nach, schießen pantomimisch wild durch die Gegend, rasen schreiend umher, können mit sich selbst und den anderen nichts anfangen. Lehrerinnen berichten darüber, dass sie in den ersten beiden Schulstunden kaum normalen Unterricht abhalten können. Ganz schlimm ist ein Wochenende, an dem schlechtes Wetter war. Die vielen Eindrücke und Erlebnisse wollen verarbeitet werden, häufig haben die Kinder bereits in der Nacht zum Montag mit Schlafstörungen auf den Medienkonsum des Wochenendes reagiert.

Aggressive Spiele sind oft ein Ausdrucksmittel für erlebten Streit, für die gestörte Kommunikation in der Familie, für Situationen, in denen die unterschiedlichen Erwartungen aneinander geraten sind. Zum Teil sind sie jedoch auch ein Abbild dessen, was die Kinder im Fernsehen gesehen haben, der vielen Eindrücke und Erlebnisse, die sie nicht verarbeiten konnten.

Bewegungsbedürfnisse lassen sich nicht aufschieben, sie bedürfen der unmittelbaren Befriedigung. In Bewegung drücken die Kinder aus, was an Eindrücken auf sie eingeströmt ist. Das Umsetzen in Bewegung trägt zur Verarbeitung bei. So werden am Montagmorgen Fernsehhelden zum Modell für Rollenspiele, hier verspürt man Macht, übernimmt die Rolle des Starken. Im Nachspielen werden Konflikte verarbeitet und neue Verhaltensmuster ausprobiert. Kinder können Aggressionen besser mit ihrem Körper loswerden als mit Worten.

Auch Gefühle der Langeweile und der ständigen Unterforderung werden von den Kindern meist mit einem Übermaß an Bewegung und Hektik überspielt. Je mehr Langeweile, desto mehr Unruhe und Bewegungsdrang treten auf.

Im darstellenden Spiel haben Kinder die Möglichkeit, unbewältigte Konflikte durchzuspielen, aufzuarbeiten und damit schon einen Schritt in Richtung Lösung zu gehen.

Die Fähigkeiten des Kindes zum spontanen Ausdruck in Sprache, Bewegung, Mimik und Körperhaltung können genutzt werden, um kreative Spielsituationen zu schaffen. Hier können Spannung und Entspannung sich abwechseln, im Anschluss an intensive Bewegungsaktivitäten fällt das Finden von Ruhe und Stille leichter.

Spiellied

Das Lied vom „Montagsmonster" kann Tobe- und Bewegungsspiele in Gang setzen, es kann darstellendes Spielen ermöglichen und Entspannungsspiele und Ruheübungen einleiten.

Die Bewegungsfläche, der Spielraum, sollte so groß sein, dass sich die Kinder nicht gegenseitig behindern und dass sie sich möglichst ungezwungen bewegen können. Notfalls sollten Stühle und Tische auf die Seite geräumt werden, damit sich das „Monster" so richtig austoben kann.

Bei diesem Spiellied wird das Thema anders als in den vorhergehenden Kapiteln nicht mit Hilfe einzelner vorbereitender Spielvorschläge erarbeitet.

Das Lied sollte den Kindern zunächst als Ganzes vorgestellt und mit ihnen gemeinsam gesungen werden. Dann erst setzen die Kinder es in Bewegung um.

Das Lied beinhaltet viele Gefühle und Stimmungen, die das Kind am Wochenende erlebt hat oder auch in der aktuellen Situation verspürt: Langeweile, nicht wissen, was man tun soll, sich nicht zu etwas aufraffen können, ärgerlich und missmutig sein, zu nichts Lust haben, träge herumsitzen, aus Langeweile fernsehen, Chips und Süßigkeiten essen, mit anderen Streit anfangen etc.

Diese Stimmungen und Gefühle können mit den Kindern besprochen werden: Haben sie selbst Ähnliches bereits erlebt? Wie gehen sie mit solchen Gefühlen um? Wann treten diese Gefühle auf?

Im Anschluss an diese Reflexionsphase spielen alle das „Montagsmonster", das sich eben nicht vom Fleck rühren will, das nur herumsitzt, motzt und in den Fernsehapparat „glotzt".

Die Bewegungsformen sollten dabei möglichst nicht vorgegeben werden. Jedes Kind hat eine eigene Vorstellung davon, wie das Montagsmonster in der jeweiligen Situation aussehen könnte.

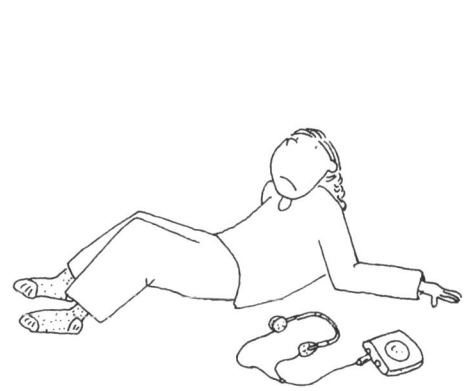

„Das Montagsmonster"

Text: Fredrik Vahle, Renate Zimmer / Musik: Fredrik Vahle

Strophe 3 und 4 ein Ganzton höher

1. Das Montagsmonster wird geboren an langen Wochenenden. Es sitzt und frisst und glotzt und motzt, gefangen in vier Wänden. Zum Fressen hats ein grosses Maul und riesig starre Augen. Sein Hintern ist vom Sitzen platt, sonst tut es zu nix taugen. d du di du duu d du di duu d du di du di duu d du di du duu d du di duu d du di du di duu

104 ZWISCHEN ANGST UND FASZINATION

1. Das Montagsmonster wird gebor'n
an langen Wochenenden.
Es sitzt und frisst und
glotzt und motzt,
gefangen in vier Wänden.

Zum Fressen hat's ein großes Maul
und riesig starre Augen.
Sein Hintern ist vom Sitzen platt,
sonst tut es zu nix taugen.

Refrain: d du di du duu, d du di duu,
d du di du du di duu, d du di du duu,
d du di duu, d du di du di duu

2. Das Montagsmonster hängt
meist rum
und findet alles doof
und langweilig und überhaupt
kriegt es den Po nicht hoch.

Doch dann kam einer frech wie
Rotz,
und der kam ungebeten,
der schüttelt es und hat ihm – au! –
auf seinen Fuß getreten.

Refrain: d du di du duu, d du di duu,
d du di du du di duu, d du di du duu,
d du di duu, d du di du di duu

3. Da sprang es Hip Hop im Quadrat,
hüpft' höher immerzu
und hoppt und hippt und
hippt und hoppt,
genau wie ich und du.

Es rannte schnell wie Winnetou
und hörte gar nicht auf
und rannte um die halbe Welt
im Hip-Hop-Dauerlauf.

Refrain: d du di du duu, d du di duu,
d du di du du di duu, d du di du duu,
d du di duu, d du di du di duu

4. Es hüpfte und es sprang und warf
die Arme in die Luft.
Es schrie und jauchzte laut und
schrill,
bis alle Wut verpufft.

Und steigt der Mond am Montag
auf,
dann will das Monster schlafen.
Das Montagsmonster räkelt sich
und dann hört man es schnarchen.

Refrain: d du di du duu, d du di duu,
d du di du du di duu, d du di du duu,
d du di duu, d du di du di duu

SPIELLIED

Spielideen für „kleine Montagsmonster"

Die Kinder probieren aus, wie sich das „Montagsmonster" darstellen lässt: träge auf einem Stuhl sitzend, mit gelangweiltem Gesicht, es hängt herum und kann sich zu nichts aufraffen. Alles findet es langweilig und doof. Für die Kinder wird es nicht einfach sein, ihren Bewegungen und ihrer Mimik diese Ausdrucksqualitäten zu verleihen, sie sollten damit experimentieren, ausprobieren können, sich dabei auch gegenseitig beobachten, über ihre eigenen Versuche lachen, aber nicht andere auslachen. Ansonsten ist alles möglich, alles ist erlaubt. Wie das wirkliche „Montagsmonster" aussieht, weiß sowieso keiner. Mit dem Sich-Hineinversetzen in Gefühle, die den Kindern sicher nicht unbekannt sind, aber in ihrer Erscheinung meist nicht bewusst werden, wird die Möglichkeit der Bearbeitung gegeben.

Viel leichter fällt ihnen meist die anschließende Lösung der gelangweilten Stimmung: Aufspringen, hüpfen, die schlechte Laune aus dem Körper schütteln, rennen und wild tanzen – dadurch spüren sie, wie neue Energie in den Körper kommt, wie die Lustlosigkeit verschwindet, die Wut verpufft.

Und schließlich: Nach intensivem Tanzen und Hüpfen fällt das Monster ermattet auf den Boden und schläft ein.

Hier kann sich eine Entspannungsphase anschließen, die die Kinder als wohltuend und beruhigend empfinden. Der Wechsel ausdrucksvoller Körperbewegungen und Ruhephasen führt auch bei sehr unruhigen Kindern dazu, dass sie diese Momente der Stille genießen, dass sie die Entspannung nicht als von außen auferlegt, sondern als inneres Bedürfnis empfinden. Sie werden sensibel für die Wahrnehmung nach innen: Was geht in meinem Körper vor, was kann ich spüren, wenn ich in meinen Körper hineinhorche? Vorstellungsbilder unterstützen die Fähigkeit, sich zu entspannen.

In einer abschließenden Übung kann auch einmal ausprobiert werden, ob das „Monster" nun auch sacht und leise und ruhig durch den Raum gehen kann, z.B. ohne andere anzustoßen, ohne Lärm zu machen.

Gerade Kinder, die einen hohen Bewegungsdrang haben und dieser sich – sofern sie ihm nicht nachkommen können – in Aggressionen äußert, lernen so, bewusster mit ihren Bewegungen umzugehen, sie zu steuern und zu kontrollieren. Ihre aggressiven, spannungsgeladenen Gefühle könnten durch die intensive Bewegung abreagiert werden, das Bedürfnis nach Ruhe stellt sich dann oft von selbst ein.

10 VOM STARKSEIN

Stark sein, alle wollen stark sein

Bedeutung für die kindliche Entwicklung

Stark sein, cool bleiben, so wie die Großen sein, nur nicht zu den kleinen Schwachen gehören – schon kleine Kinder haben solche Wünsche und sicherlich sind sie auch durch Äußerungen von den Erwachsenen entstanden: „Sei kein Baby, du bist doch schon groß, lass' dich nicht immer unterbuttern, hau doch einfach zurück, wenn dir die anderen etwas wegnehmen …" Solche Äußerungen hören Kinder oft von ihren Eltern. So wächst in ihnen die Vorstellung, dass sie nur dann etwas wert sind, wenn sie sich durchsetzen können und keine Schwäche zeigen.

Dabei ist es doch gerade ein besonderes Zeichen von Stärke, wenn man auch einmal Schwächen zugeben kann, wenn man auch nachgeben und anderen helfen kann.
Das „Lied vom Starksein" thematisiert diese für Kinder und Eltern gleichermaßen wichtigen Überlegungen. Es kann Gespräche in Gang setzen über ein Thema, das ansonsten oft tabuisiert wird.

Sicherlich gibt es in der Gruppe Kinder, die sich als die Starken aufspielen und Wortführer sind, und es gibt auch solche, die eher schüchtern am Rande stehen. Im Gespräch sollten diese konkreten Situationen nicht direkt angesprochen werden, um die Betroffenen nicht bloßzustellen. Wohl aber können Situationen als Beispiel herangezogen werden, in denen sich Kinder „stark" verhalten haben, obwohl es nach außen vielleicht auch hätte als Schwäche ausgelegt werden können (wenn Kinder z. B. nachgeben und beim Spiel einem anderen den Vortritt lassen).

In dem „Lied vom Starksein" werden Rollen, Personen und Situationen angesprochen, die im Gespräch aufgegriffen werden können: Sind Jungen oder Mädchen stärker? Ist es vielleicht auch so, dass die Jungen stärker scheinen wollen und dies den Mädchen nicht so wichtig ist? Wer ist dann wirklich stärker?
Woran zeigt sich eigentlich, ob jemand stark ist? An seinen Muskeln, an seiner Körpergröße, daran, wie viel er heben und tragen kann? An seiner Geschicklichkeit? Oder daran, was er schon alles kann, an dem, was er hat, welche Spielsachen er besitzt?

Welche starken Typen kennen die Kinder aus dem Fernsehen, aus Videofilmen, aus Lese- und Bilderbüchern?

Sportler, Krimihelden, Politiker haben das Image, stark zu sein. Sind sie es immer oder nur dann, wenn sie sich in der Öffentlichkeit zeigen? Wie ist es mit den Personen in der alltäglichen Umgebung? Wer ist denn da besonders stark? Der Lehrer, die Lehrerin, der Pfarrer, die Eltern, die Jungen?

Über solche Fragen, die nicht einfach zu beantworten sind, werden sich intensive Gespräche anschließen. Aber auch Erzieherinnen und Eltern werden nicht immer der gleichen Meinung sein. Vielleicht kann sich das Thema daher auch einmal bei einem Elternabend vertiefen lassen.

Spielideen für „starke" Kinder

Sieger und Helden

Wir spielen einen Fernsehhelden, einen Cowboy, einen Sportler auf dem Siegerpodest, in einer Siegerpose. Welche Körperhaltung zeichnet einen Sieger aus? Und wie könnte dann ein Verlierer dargestellt werden?

Verkehrte Welt

Rollenspiel: Zu zweit oder zu dritt sollen die Kinder eine kleine Spielszene vorbereiten, in der es anders als üblich zugeht. Die Personen sollen anders handeln, als man es von ihnen erwartet. Beispiele: Eine Verkäuferin, die nichts verkaufen will, ein Nachrichtensprecher, der ein Buch liest etc.

Verkehrter Spiegel

Zwei Kinder stehen sich gegenüber. Eines stellt zwar das Spiegelbild des anderen dar, es soll jedoch immer genau das Gegenteil von dem tun, was der andere ihm vormacht: Wird der eine groß, macht sich der Partner klein; zeigt er ein lachendes Gesicht, wird der andere traurig etc.

Das tapfere Schneiderlein

In dem Märchen vom tapferen Schneiderlein wird der Schwache zum Starken, weil er statt seiner Muskeln den Kopf zur Lösung von Problemen einsetzt. So kann er sogar einen Riesen durch seine Schläue besiegen. (Um seine Kraft zu beweisen, zerquetschte der Riese einen Stein, so dass Wasser aus ihm floss, das kleine Schneiderlein nahm stattdessen einen Käse ...)

Auch ein solches Märchen kann Anlass für Gespräche über das „Starksein" bieten.

Spiellied

Bevor das folgende Spiellied in Bewegung umgesetzt werden kann, muss bei den Kindern zuerst einmal darüber Einigung erzielt werden, wie man „Starksein" äußerlich demonstrieren kann. So kann man sich z. B. breitbeinig hinstellen und die Armmuskeln anspannen, einen ganz schweren Gegenstand pantomimisch anheben, einen Gewichtheber mimen.

Bei den betreffenden Strophen treten erst alle Jungen hervor, machen die „Starksein-Pose", dann alle Mädchen. Einzelne Kinder übernehmen die Rolle von Mutter, Vater, vom Frosch etc. Jeder sucht selbst aus, in welcher Form er das „Starksein" ausdrücken will.

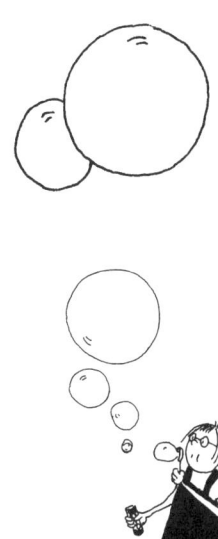

„Stark sein"

Text: Fredrik Vahle, Renate Zimmer / Musik: Fredrik Vahle

Originaltonart: D♭

1. Stark sein, stark sein, alle wollen stark sein, sie wollen nicht aus Quark sein. Wille wulle wab king kong. Müssen nicht die Muskeln sein oder's Portemonnaie. Stark sein kommt aus deinem Herz und aus dem kleinen Zeh. Stark sein, stark sein, alle wollen stark sein, sie wollen nicht aus Quark sein und nicht aus Zuckerguss und was kommt jetzt, ein starker Schluss.

1. Stark sein, stark sein,
   alle wollen stark sein,
   sie wollen nicht aus Quark sein.
   Wille wulle wap king kong.

2. Stark sein, stark sein,
   die Jungen wollen stark sein,
   sie wollen nicht aus Quark sein.
   Wille wulle wap king kong.

3. Stark sein, stark sein,
die Mädchen wollen stark sein,
sie wollen nicht aus Quark sein.
Wille wulle wap king kong.

4. Stark sein, stark sein,
der Papa, der will stark sein,
denn er will nicht aus Quark sein.
Wille wulle wap king kong.

5. Stark sein, stark sein,
die Mutter, die will stark sein,
denn sie will nicht aus Quark sein.
Wille wulle wap king kong.

6. Stark sein, stark sein,
sogar ein Frosch kann stark sein.
Der kann ganz kräftig:
„Quark" schrei'n.
Wille wulle wap king kong.

7. Müssen nicht die Muskeln sein
oder's Portemonnaie,
stark sein kommt aus deinem Herz
und aus dem kleinen Zeh.

8. Stark sein, stark sein,
alle wollen stark sein,
sie wollen nicht aus Quark sein
und nicht aus Zuckerguss!

Und was kommt jetzt?
Ein starker Schluss.

SPIELLIED

Weiterführung

Das Lied kann beliebig weitergedichtet werden:
So können andere Personen, die für die Kinder aktuell eine besondere Rolle spielen, eingesetzt werden: Z.B.
... die Lehrer wollen stark sein ...
... der Pastor, der will stark sein ...
... der Hausmeister will stark sein ...

Es können aber auch die Namen der Kinder aus der Gruppe eingesetzt werden:
Stark sein, stark sein,
die Luzia will stark sein,
sie will doch nicht aus Quark sein ...

Der Text lässt sich auch mit den Kindern gemeinsam um weitere Strophen erweitern:

Stark sein, slark sein,
alle wollen stark sein.
Auch ich will richtig stark sein,
auch ich will nicht aus Quark sein.

Bin ich stark wie Superman
oder wie Kung Fu?
Bin ich stark wie Robin Hood
oder stark wie du?

Stark sein, stark sein,
alle wollen stark sein.
Sie wollen nicht aus Quark sein,
Superman, Kung Fu,
Robin Hood und du.

11 VOM UMGANG MIT GEFÜHLEN

Bedeutung für die kindliche Entwicklung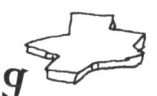

Gefühle werden ganz unterschiedlich empfunden: Mal wird einem vor Aufregung ganz schlecht, vor Angst fängt man an zu zittern, wenn man sich schämt, bekommt man einen roten Kopf. Wenn man wütend ist, ist der Körper ganz angespannt, und manchmal kann man vor Freude nicht mehr ruhig sitzen bleiben, muss aufspringen und einen Luftsprung machen.

Gefühle auszudrücken wird Kindern meist nur dann erlaubt, wenn diese positiver Art sind: Freude, Ausgelassenheit, Lust, Fröhlichkeit. Im Gegensatz zu Erwachsenen gesteht man Kindern noch zu, dass sie die Gefühle auch körperlich zeigen: vor Freude in die Luft springen oder fröhlich in die Hände klatschen. Sind sie dagegen traurig, wütend oder ängstlich, wird schon früh erwartet, dass sie diese Affekte unterdrücken, dass sie sich beherrschen.
Unterdrückte Gefühle haben keine Chance, verarbeitet zu werden, sie bleiben im Inneren und verursachen manchmal somatische Beschwerden. Um das seelische Gleichgewicht wiederherstellen zu können, ist es wichtig, dass Kinder mit Gefühlen umgehen lernen.

Emotionalität muss zugelassen werden, damit sie überhaupt ins Bewusstsein gelangt, um sie so erkennen und entsprechende Formen des Umgangs finden zu können.
Ein Gespräch in der Gruppe über Gefühle – angeregt durch die Erzieherinnen bzw. die Lehrerinnen oder durch einen situativen Anlass – kann zur Bewusstmachung beitragen: Manchmal fühlt man sich traurig und manchmal froh. Dafür gibt es verschiedene Gründe.

- Welche Gefühle gibt es?
- Wie äußern sie sich?
- Welche Gefühle sind eher von außen sichtbar, welche bleiben eher im Inneren?
- Wo spürt man die Gefühle?
- Wie drücken wir die Gefühle aus?
- Kann man bestimmte Gefühle bereits an der Körperhaltung erkennen?

Spielideen zum Umgang mit Gefühlen

Über Gefühle zu sprechen, fällt Kindern meist schwer. Oft können sie nicht in Worte fassen, was sie innerlich bewegt. Besser gelingt es ihnen, nonverbal auszudrücken, wie es ihnen geht. In den folgenden darstellenden Spielen können die Kinder lernen, wie man mit negativen Gefühlen umgehen kann, sie lernen, diese Gefühle nicht zu unterdrücken, sondern auszudrücken – aufgestaute Gefühle können sich entladen und werden damit bearbeitet.

So lernen die Kinder auch, mit Aggressionen auf konstruktive Weise umzugehen, die Energie zu spüren, sie aber auch zum Positiven zu wenden.

Wir stellen einen Menschen dar, der

- traurig,
- ängstlich,
- lustig,
- wütend,
- träumerisch,
- ärgerlich ist,
- oder einen Menschen, der sich freut, der gerade eine gute Nachricht erhalten hat.

Durch das Nachspielen solcher Situationen und durch Rollenspiele, in denen das Kind sich mit Fantasiegestalten oder Tieren identifiziert, wird die Möglichkeit zur Verarbeitung innerer Konflikte gegeben. Auch sprachliche Ausdrucksformen helfen dabei:

Wie hört sich ein Mensch an, der

- fröhlich,
- zänkisch,
- weinerlich,
- wütend,
- erfreut ist?

ZWISCHEN ANGST UND FASZINATION

Rollenspiel mit einem Partner: Ihm eine
- freudige Nachricht,
- traurige Mitteilung,
- innige Bitte,
- Drohung,
- ein schönes Geschenk (eine Überraschung) überbringen.

Grimassen raten
Jeder Mitspieler darf sich eine Grimasse einfallen lassen. Er zeigt sie den anderen und die sollen raten, was hinter der Grimasse steckt:
- ein finsterer Räuber,
- ein frecher Lausebengel,
- ein artiges, braves Kind,
- jemand, der eine saure Zitrone gegessen hat,
- jemand, der gerade ein Eis genießt,
- jemand, der sich gerade furchtbar geärgert hat.

Das „Grimassenspiel" kann dazu anregen, mit den Kindern über Gefühle wie Wut, Ärger, Angst zu reden. Dabei können folgende Fragen angesprochen werden:

Was machst du, wenn du wütend bist?
Als du das letzte Mal so richtig wütend gewesen bist – was hast du da gemacht? Wo sitzt die Wut? Wo spürt man sie am stärksten? Die Kinder äußern sich: Sie verziehen das Gesicht zu einer Grimasse, ballen die Hände zu einer Faust, stampfen auf den Boden.
Wie kann man die Wut darstellen?
- Man kann sich hinwerfen,
- mit der Hand auf den Tisch hauen,
- schreien, schimpfen …

Die Wut sitzt zwar immer im Körper –
aber sie äußert sich auch durch
den Körper, in der Mimik, in
Bewegungen.

SPIELIDEEN ZUM UMGANG MIT GEFÜHLEN

Spiellied

Im folgenden Lied wird ein Gefühl beschrieben, das jeder kennt, über das man aber selten nachdenkt. Entweder ist man wütend, dann ist das Gefühl so stark, dass man innerlich keinen „Platz" hat, an die Wut zu denken. Oder man ist nicht wütend, dann sieht man meist nicht die Notwendigkeit, sich darüber Gedanken zu machen.

Das Lied wird von den Kindern gehört, gesungen und in Bewegung umgesetzt. Die Wut wandert durch den ganzen Körper, die Kinder spielen, wie sie in den Händen „sitzt" und wie diese sich dann zu Fäusten ballen. Die Kinder bearbeiten die Erde mit den Füßen, sogar im Ellbogen kann die Wut versteckt sein und dann durch Schlagen und Hauen der Ellbogen in die Luft zum Ausdruck kommen. Die Wut zeigt sich auch im Gesicht: fauchend wie ein Tiger, tobend und grollend sieht man aus, rauft sich die Haare, fletscht die Zähne …

Wird die Wut dann aus dem Körper herausgeschüttelt, gerüttelt, ist sie plötzlich weg!

„Wo ist die Wut, wenn ich wütend bin?"

Text: Fredrik Vahle / Musik: Thomas Woitscheck

1. Wo ist die Wut,
   wenn ich wütend bin,
   vielleicht in meinen Händen?
   Ich balle sie zur Faust und peng!
   Das wird noch böse enden.

Refrain: Donnerwetter, Groll und Grimm,
meine Wut ist wirklich schlimm.

*Die Kinder ballen die Hände zur Faust,
schlagen und boxen in die Luft.*

2. Wo ist die Wut,
   wenn ich wütend bin,
   vielleicht in meinen Füßen?
   Ich stampfe, dass die Erde bebt,
   wer schräg kommt, der muss büßen!

Auf die Erde stampfen, treten und mit beiden Füßen auf den Boden springen.

Refrain: Donnerwetter, Groll und Grimm,
meine Wut ist wirklich schlimm.

3. Wo ist die Wut,
   wenn ich wütend bin,
   vielleicht im Ellenbogen?
   Wenn mich was ärgert, wär' es jetzt
   zehn Meilen weit geflogen.

Den Ellenbogen anheben und in die Luft schlagen.

Refrain: Donnerwetter, Groll und Grimm,
meine Wut ist wirklich schlimm.

4. Wo ist die Wut,
   wenn ich wütend bin,
   vielleicht in meinem Gesicht?
   Bin wie ein Tiger, der faucht und tobt,
   so erkennt mich niemand nicht.

Wütende Grimassen schneiden, die Stirne runzeln, die Zähne fletschen, ganz böse dreinschauen.

Refrain: Donnerwetter, Groll und Grimm,
meine Wut ist wirklich schlimm.

5. Wo ist die Wut,
   wenn ich wütend bin,
   ich grübel hin und her.
   Mein Kopf, der qualmt,
   ich rauf mein Haar,
   und alles ist so schwer.

Sich die Haare raufen, den Kopf hin und her schütteln.

Refrain: Donnerwetter, Groll und Grimm,
meine Wut ist wirklich schlimm.

6. Jetzt schau ich die Wut noch einmal an
   (und das ist ganz schön schwer),
   und ich rüttel und ich schüttel,
   und ich rüttel und ich schüttel,
   und ich schüttel und ich rüttel,
   und dann spür' ich sie nicht mehr.

Hände und Arme ausschütteln, den ganzen Körper ausschütteln, den Oberkörper nach vorne werfen, den Kopf ausschütteln ...

Refrain: Donnerwetter, Groll und Grimm,
meine Wut ist wirklich schlimm.

Das Durchspielen der einzelnen Passagen des Liedes ist anstrengend, es verlangt viel Energie und Kraft. Nach jeder Strophe kann während des Refrains eine kurze Entspannungsphase eingelegt werden. Das zuvor angespannte Körperteil wird entspannt, locker gelassen. Am Schluss des Liedes setzen oder legen sich die Kinder meist ermattet hin und brauchen eine kurze Ausruh- und Entspannungszeit.

Diese Ruhephase kann evtl. auch sprachlich vom Erwachsenen begleitet werden: „Die ganze Wut ist weg, ihr habt sie rausgeschüttelt und spürt jetzt, wie es ruhig und friedlich in euch wird. Bleibt jetzt ganz ruhig liegen, schließt die Augen und ruht euch von dem anstrengenden Spiel aus."

Literaturtipps

Heilmann, Christa M. (2009): Körpersprache richtig verstehen und einsetzen. München: Reinhardt

Hering, Wolfgang / Zachmann, Helga (2008): Kunterbunte Tanzspielhits. Münster: Ökotopia

Nienkerke-Springer, Anke / Beudels, Wolfgang (2003): Komm, wir spielen Sprache. Dortmund: Borgmann publishing

Molcho, Sammy (1998): Körpersprache. München: Goldmann

Stamer-Brandt, Petra (2012): Wilde-Kerle-Spiele. Freiburg: Herder

Vahle, Fredrik (2001): Hupp Tsching Pau – Das Bewegungsliederbuch. Beltz: Weinheim

Vahle, Fredrik (2002): Bewegliche Lieder. Reinbek: Rowohlt

Vahle, Fredrik (2004): Liegen lassen – Einladung zu einer saumseligen Entdeckung. Dortmund: Modernes Lernen

Vahle, Fredrik (2010): Sprache mit Herz, Hand und Fuß. Wege zur Motorik der Verbundenheit. Weinheim: Beltz 2010

Walter, Gisela (2003): Sprache – der Schlüssel zur Welt. Freiburg: Herder

Wiedemann, Marianne (Hrsg.) (2000): Sprachförderung mit allen Sinnen. Weinheim: Beltz

Winner, Anna (2007): Kleinkinder ergreifen das Wort. Berlin: Cornelsen

Zimmer, Renate (2008): Bewegung und Entspannung. Anregungen für die praktische Arbeit mit Kindern. Freiburg: Herder

Zimmer, Renate (2011): Handbuch der Bewegungserziehung. Didaktisch-methodische Grundlagen und Ideen für die Praxis. Freiburg: Herder

Zimmer, Renate (2012): Handbuch der Psychomotorik. Theorie und Praxis der psychomotorischen Förderung von Kindern. Freiburg: Herder

Zimmer, Renate (2011): Handbuch Sprachförderung durch Bewegung. Freiburg: Herder

Zimmer, Renate (Hrsg.) (2011): Psychomotorik für Kinder unter drei Jahren. Entwicklungsförderung durch Bewegung. Freiburg: Herder

Zimmer, Renate (2012): Handbuch der Sinneswahrnehmung. Grundlagen einer ganzheitlichen Bildung und Erziehung. Freiburg: Herder

Zur beiliegenden CD
mit Spiel- und Bewegungsliedern

Track	Titel	Spielzeit
01	**Grußlied aus Nupitanien**	4:51
02	**Mein Zockelpferdchen**	3:18
03	**Im Walde von Schloss Spukenstein**	3:21
04	**Schaukelschiff**	4:29
05	**Wer auf die Arche Noah will**	4:49
06	**Plankenwalzer**	1:12
07	**Ping Pong Pinguin**	1:52
08	**Zirkuslied**	5:34
09	**Indianerlied**	4:01
10	**Das Montagsmonster**	3:00
11	**Stark sein**	1:29
12	**Wo ist die Wut, wenn ich wütend bin**	2:20
13	**Karussel**	1:19
	Länge	41:44

Texte: Fredrik Vahle und Renate Zimmer
außer 1.,4.,7.,12.: Fredrik Vahle
Musik: Fredrik Vahle
außer 6.: Dietlind Grabe-Bolz und 12. Thomas Woitscheck
Mitwirkende: Nora Grabe-Bolz, Dietlind Grabe-Bolz, Hanna Grabe-Bolz, Fredrik Vahle, Heinz Günter Müller, Kinder vom Gesangverein „Liederkranz" unter der Leitung von Ingeborg Stark.

Aufgenommen und gemischt 1999 in den Studios der Freistil Musikproduktion, Hungen
Produzent: Thomas Woitscheck

© + ℗ 2015 Argon Verlag GmbH

Die Handbücher von Renate Zimmer

Handbuch Sinneswahrnehmung
Grundlagen einer ganzheitlichen
Bildung und Erziehung
224 Seiten I Gebunden
ISBN 978-3-451-32560-1

Es wird für Kinder heute immer schwerer, ihre Umwelt ganzheitlich und körpernah zu erleben. Mit der aktualisierten Ausgabe ihres Standardwerks eröffnet die Autorin den Lesern Möglichkeiten, dieser Entwicklung gegenzusteuern.

Handbuch Bewegungserziehung
Grundlagen für Ausbildung und
pädagogische Praxis
256 Seiten I Gebunden
ISBN 978-3-451-32840-4

Bewegungserziehung ist ein wichtiger Baustein pädagogischer Arbeit in der Kita. Renate Zimmer stellt ihr erfolgreiches Konzept einer kindorientierten, in den Kindergartenalltag integrierten Bewegungserziehung vor. Zahlreiche praktische Beispiele erleichtern die Umsetzung.

In jeder Buchhandlung oder unter www.herder.de

HERDER
Lesen ist Leben

Fachwissen auf einen Blick!

 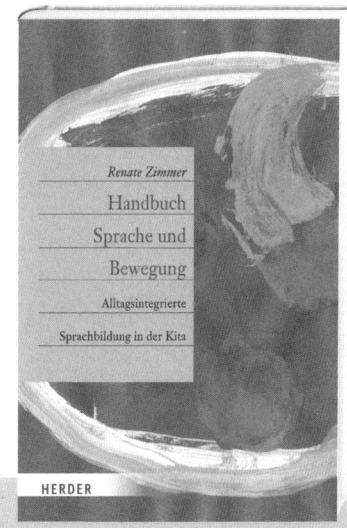

Handbuch Psychomotorik
Theorie und Praxis der
psychomotorischen Förderung
272 Seiten I Gebunden
ISBN 978-3-451-32578-6

Die psychischen, kognitiven und
motorischen Entwicklungen des Kindes
stehen nicht nebeneinander, sondern
beeinflussen sich gegenseitig. Daher
benötigen Kinder eine ganzheitliche
Förderung. Dies leistet Renate Zimmers
Konzept.

Handbuch Sprache und Bewegung
Alltagsintegrierte Sprachbildung
in Kitas
224 Seiten I Gebunden
ISBN 978-3-451-34950-8

In dem Handbuch wird ein Konzept
der Sprachbildung vorgestellt, das an
den Ressourcen eines Kindes ansetzt
und sprachanregende Situationen im
pädagogischen Alltag nutzt. Theoretisch
fundiert und gleichzeitig praxisnah.

In jeder Buchhandlung oder unter www.herder.de

HERDER
Lesen ist Leben

Alles in Bewegung!

Psychomotorik für Kinder unter 3 Jahren
Entwicklungsförderung durch Bewegung
144 Seiten I Kartoniert
ISBN 978-3-451-32462-8

Wenn Sie die psychomotorische Entwicklung kreativ und sinnenreich fördern wollen, bietet Ihnen dieses Buch zahlreiche Anregungen!

Erleben, bewegen, entspannen
Mit Kindern zur Ruhe finden
128 Seiten I Kartoniert
ISBN 978-3-451-32638-7

Dieses Buch bietet zahlreiche Anregungen, die von Vorschlägen zur Raumgestaltung über Tipps zur Rhythmisierung des Alltags bis hin zur Schaffung von Ruhe-Inseln reichen.

Kreative Bewegungsspiele
Psychomotorik in der Kita
112 Seiten I Kartoniert
ISBN 978-3-451-34214-1

Witzig und spritzig sind die bewegten Spielideen, die mit preiswerten oder kostenlosen Materialien auskommen. Renate Zimmer zeigt, dass Bewegungserziehung vor allem eines braucht: Fantasie und Kreativität.

In jeder Buchhandlung oder unter www.herder.de

HERDER
Lesen ist Leben